HE[illegible]
s[illegible]
Daniel Bar[illegible] Baillargeon
est le neuf cent unième ouvrage
publié chez VLB ÉDITEUR
et le quarante-neuvième
de la collection « Partis pris actuels »
dirigée par Robert Laliberté

VLB éditeur bénéficie du soutien de la Société de développement des entreprises culturelles du Québec (SODEC) pour son programme d'édition.

Gouvernement du Québec – Programme de crédit d'impôt pour l'édition de livres – Gestion SODEC.

Nous reconnaissons l'aide financière du gouvernement du Canada par l'entremise du Programme d'aide au développement de l'industrie de l'édition (PADIÉ) pour nos activités d'édition.

Nous remercions le Conseil des Arts du Canada de l'aide accordée à notre programme de publication.

HEUREUX SANS DIEU

Sous la direction de
Daniel Baril
et Normand Baillargeon

Heureux sans Dieu

Des incroyants, athées et agnostiques, témoignent

vlb éditeur
Une compagnie de Quebecor Media

VLB ÉDITEUR
Groupe Ville-Marie Littérature inc.
Une compagnie de Quebecor Media
1010, rue de La Gauchetière Est
Montréal (Québec) H2L 2N5
Tél. : 514 523-1182
Téléc. : 514 282-7530
Courriel : vml@sogides.com

Maquette de la couverture : Martin Roux

Catalogage avant publication de Bibliothèque et Archives nationales du Québec et Bibliothèque et Archives Canada
Vedette principale au titre :
Heureux sans Dieu
(Collection Partis pris actuels)
ISBN : 978-2-89649-098-1
1. Athéisme – Québec (Province). 2. Irreligion – Québec (Province). 3. Athées – Québec (Province). I. Baillargeon, Normand, 1958- . II. Baril, Daniel. III. Collection : Collection Partis pris actuels.
BL2747.3.H48 2009 211'.809714 C2009-941306-X

DISTRIBUTEURS EXCLUSIFS :

- Pour le Québec, le Canada et les États-Unis :
  LES MESSAGERIES ADP*
  2315, rue de la Province
  Longueuil (Québec) J4G 1G4
  Tél. : 450 640-1237
  Téléc. : 450 674-6237
  *filiale du Groupe Sogides inc.,
  filiale du Groupe Livre Quebecor Media inc.

- Pour la Belgique et la France :
  Librairie du Québec / DNM
  30, rue Gay-Lussac
  75005 Paris
  Tél. : 01 43 54 49 02
  Téléc. : 01 43 54 39 15
  Courriel : direction@librairieduquebec.fr
  Site Internet : www.librairieduquebec.fr

- Pour la Suisse :
  TRANSAT SA
  C. P. 3625, 1211 Genève 3
  Tél. : 022 342 77 40
  Téléc. : 022 343 46 46
  Courriel : transat-diff@slatkine.com

Pour en savoir davantage sur nos publications,
visitez notre site : www.edvlb.com
Autres sites à visiter : www.edhexagone.com • www.edtypo.com
www.edjour.com • www.edhomme.com • www.edutilis.com

Dépôt légal : 3e trimestre 2009
Bibliothèque et Archives nationales du Québec, 2009
Bibliothèque et Archives Canada

ISBN 978-2-89649-098-1

Présentation

Sorties de placard !

> Il est réaliste, courageux et merveilleux de vouloir être athée. [...] L'athéisme est presque toujours la marque d'une saine indépendance d'esprit et, à vrai dire, d'un esprit sain.
>
> RICHARD DAWKINS
> *Pour en finir avec Dieu*

Alors qu'il séjournait en France, fêté des Philosophes, le penseur sceptique écossais David Hume aurait déclaré, à la table d'un homme dont il était l'invité, qu'il n'avait encore jamais rencontré d'athée. Son hôte lui aurait alors répondu que sur les quinze personnes présentes à sa table, treize étaient athées, les deux autres n'ayant pas encore terminé leur réflexion sur la question. Hume, dit-on, en fut déconcerté.

Si on se rappelle que tout cela se passait en Europe, au XVIIIe siècle, on peut comprendre la surprise de Hume : à cette époque, l'incroyance en général et l'athéisme en particulier n'étaient pas des positions qu'on pouvait sans péril afficher publiquement. Les choses ont beaucoup évolué depuis plus de deux siècles, il faut en convenir, et les idées des Lumières, tout particulièrement celles qui concernent les religions, ont fait de par le monde occidental d'indéniables progrès, variables selon les pays concernés, sans doute, mais bien réels.

Et pourtant ces combats sont loin d'être terminés, comme nous le rappellent périodiquement divers événements qui constituent autant de raisons de nous inquiéter : faisant entorse au principe capital de la liberté d'expression, on cherche tantôt à promulguer des lois contre le blasphème, tantôt à menacer de censure, voire à réellement censurer, un livre, une caricature, une représentation théâtrale, un film ou quiconque critique la religion avec une dureté qu'on ne remet pas en question quand il s'agit de tout autre objet. Ou encore on tolère, parce qu'ils sont le fait de représentants d'une foi donnée, des agissements et des paroles qu'on ne tolérerait jamais s'il s'agissait d'autres personnes, et on accorde, dès lors que des motifs religieux sont invoqués, des privilèges ou des accommodements qu'il ne viendrait à l'esprit de personne de demander – et encore moins d'accorder – pour tout autre motif ou toute autre croyance.

C'est ainsi qu'au cœur même des sociétés supposées laïques et des riches démocraties libérales, on assiste, en ce moment même, sinon à un net effritement et à un substantiel recul de l'idéal laïque de neutralité, du moins à son érosion et à la multiplication de certaines formes, subtiles ou moins subtiles, de traitement préférentiel des religions.

Au Québec même, l'idée d'un enseignement culturel des religions a, avec raison, paru aux partisans de la laïcité (et pas seulement aux incroyants) représenter une grave menace à l'idée d'une école laïque et constituer une manière à peine déguisée de continuer à accorder dans l'école un traitement préférentiel aux croyances religieuses.

Défendant ce programme, la ministre québécoise de l'Éducation, du Loisir et du Sport, Michelle Courchesne, et son attaché de presse, Denis Watters, ont d'ailleurs soutenu que l'athéisme conserve une connotation négative et que ce mot, qui doit demeurer tabou, ne figurera pas parmi les options présentées dans le cours Éthique et culture religieuse.

Au moment où la ministre Courchesne tenait ces propos, en avril 2008, les auteurs regroupés dans ce livre étaient en plein travail de réflexion et de rédaction sur... l'athéisme, préparant leur sortie de placard. La déclaration de la ministre ne pouvait pas mieux illustrer la nécessité de ce livre et tout son à-propos.

C'est qu'aujourd'hui encore l'athéisme dérange, fait peur, voire suscite le rejet. Si les gays ont réussi à sortir au grand jour, les athées n'osent pas encore s'afficher, craignant d'être perçus, au mieux comme des trouble-fête, au pire comme de bien tristes personnages à qui il doit sans aucun doute manquer quelque chose.

C'est entre autres pour en finir avec cet insoutenable *préjugé* que nous avons cru utile et pertinent de solliciter ces témoignages d'incroyants de divers horizons, qui racontent leur cheminement, expriment leurs convictions, proposent des analyses ou encore se paient du bon temps avec ce thème inépuisable.

Alors que les témoignages d'expérience religieuse, de cheminement spirituel, de rencontres avec le « surnaturel » abondent dans la littérature, aucun livre, du moins au Québec et à notre connaissance, n'avait jusqu'ici cherché à donner la parole aux incroyants, athées et agnostiques.

Cette lacune est désormais comblée.

Par ce livre nous espérons notamment montrer, à qui veut bien le voir et tout spécialement peut-être aux Hume de ce temps qui hésiteraient à afficher leur athéisme, qu'il existe des athées, qu'il est tout à fait possible de vivre une vie pleine, riche et heureuse en étant incroyant, et que cette position n'a rien de honteux ni d'inavouable. Mieux : que les idées que défendent les athées et les incroyants sont de celles qui nous aident à mieux vivre et surtout à vivre debout, en faisant lucidement face au monde pour donner un sens à notre vie, en restant à l'abri d'illusions qui sont peut-être réconfortantes, mais qui n'en demeurent pas moins infantilisantes et dangereuses. Pareilles idées, nous semble-t-il, méritent amplement d'être connues, discutées, méditées et diffusées puisque, osons le dire sans ambages, bien des reculs des religions sont des avancées pour l'humanité.

Et le fait est, fort heureusement, et n'en déplaise aux commissaires, aux experts patentés, aux ministres et à leurs fonctionnaires, que les idées de la grande famille de l'incroyance – qui comprend les athées, les agnostiques, les libres penseurs, les humanistes et, plus récemment, les *brights* – sont aujourd'hui de plus en plus connues, discutées, entendues et surtout jugées crédibles.

En témoigne par exemple cette intense activité éditoriale qui a récemment produit de nombreux ouvrages, dont certains ont connu d'inattendus mais retentissants succès de librairie. Citons pour mémoire, et entre de très nombreux autres : *Pour en finir avec Dieu*, de Richard Dawkins ; *Breaking the Spell*, de Daniel Dennett ; *God is Not Great*, de Christopher Hitchens ; *Atheist Universe*, de David Mills ; *God : The Failed Hypothesis : How Science Shows That God Does Not Exist*, de Victor J. Stenger ; et *Traité d'athéologie*, de Michel Onfray.

Mais en témoigne aussi, et plusieurs lecteurs à l'instar de Hume seront sans doute étonnés de l'apprendre, le grand nombre d'incroyants, d'athées et d'agnostiques qu'on trouve désormais dans plusieurs régions du monde. Les recherches les plus crédibles indiquent bien, en effet, du moins pour un grand nombre de pays du Nord et dans la plupart des démocraties libérales, une nette tendance à l'abandon de la religion et une progression de l'incroyance. (Les États-Unis, avec des niveaux et des contenus de croyance religieuse qui rappellent ceux des pays les plus pauvres du tiers-monde, sont ici l'exception.)

Les mécréants et autres impies du Québec doivent donc savoir qu'ils ne sont pas seuls et que la tendance internationale de l'incroyance s'observe ici également. C'est ainsi que les quelque 415 000 personnes qui se sont déclarées sans religion au recensement canadien de 2001 représentent le second groupe en importance après les catholiques romains. Il y a donc plus de Québécois sans religion qu'il y a de protestants, toutes Églises confondues (335 590), plus de « sans religion » que de musulmans (108 620), de juifs (89 915), de bouddhistes (41 375), d'hindous (24 530) et de sikhs (8220) réunis.

Parmi les « sans-religion », les athées et agnostiques seraient au nombre de 6600, toujours selon le recensement, mais nous savons que ce chiffre est bien loin de la réalité et qu'il est faussé par le questionnaire qui incite à identifier une religion même lorsqu'on n'en pratique aucune et qui ne prévoit pas l'identification en tant qu'athée. Des sondages plus détaillés font état de taux d'athéisme allant de 10 à 26 %.

Cette imprécision met incidemment en évidence un fait navrant : alors que les études sur les diverses formes que prend la croyance en l'au-delà abondent, aucun chercheur n'a jamais songé à chiffrer l'incroyance ou à lui donner un visage.

*
* *

Nous ne cacherons pas que, pour recueillir les 14 témoignages rassemblés dans ce volume – témoignages d'artistes, de journalistes, d'écrivains, d'humoristes et d'universitaires jouissant tous d'une notoriété auprès du public –, nous avons dû solliciter pas moins de 50 personnes ! Nous avons notamment contacté des personnes de culture juive et de culture musulmane connues pour leurs propos critiques à l'égard de la religion, mais chacune d'entre elles a malheureusement décliné l'invitation. Ces deux éléments sont eux-mêmes significatifs de la réserve dont les athées font preuve et nous révèlent qu'il n'est pas toujours bien vu de s'afficher comme tel.

On remarquera par ailleurs l'inégalité de représentation des hommes et des femmes : les premiers sont au nombre de dix, les deuxièmes, seulement quatre. Ce déséquilibre n'est pas dû à un biais dans les invitations lancées aux collaborateurs et collaboratrices pressenties, mais il illustre une réalité méconnue : selon les données de Statistique Canada, les deux tiers des athées sont des hommes.

Il s'agit là d'une vague de fond, observable dans toutes les études sur le fait religieux et dans toutes les cultures laïcisées. Au moment d'écrire ces lignes, deux nouveaux sondages venaient montrer que, pour l'un, 73 % des Canadiennes sont croyantes, contre 67 % des Canadiens, et, pour l'autre, que 60 % des Québécoises croient en Dieu, contre 47 % des Québécois.

Ce fait nous éclaire en partie sur ce que représente la religion. Les chercheurs qui se sont penchés sur cette différence l'expliquent entre autres par le sentiment de sécurité qu'apporte la religion ou encore par les échanges interpersonnels et les réseaux d'entraide qu'elle permet d'établir. Certains témoignages et analyses présentés dans ce volume font état de cet aspect du religieux.

Les témoignages rassemblés ici nous révèlent un autre phénomène intéressant, bien que méconnu : contrairement à une idée reçue voulant que l'athéisme soit le résultat de frustrations profondes, plusieurs auteurs affirment que, d'aussi loin qu'ils puissent se souvenir, ils ont toujours été athées – ou du moins sceptiques à l'égard de ce que racontait la religion –, et ce, même dans leur tendre enfance.

Pour d'autres, l'athéisme est venu après une exploration approfondie du fait religieux ou après une longue réflexion à l'aune du rationalisme, renversant cet autre préjugé selon lequel les athées sont, de façon primaire et simpliste, tout simplement fermés à l'égard de l'hypothèse surnaturelle.

Pour d'autres encore, l'éveil de la sexualité aura été l'occasion d'une rupture définitive d'avec un embrigadement religieux répressif et contre-nature.

La principale révélation de ce livre, pour certains croyants, sera sans doute d'apprendre que les athées ont une morale ! Eh oui, les athées élèvent leurs enfants avec amour, respectent les lois, sont engagés dans l'action sociale, politique ou philanthropique, sont socialement et psychologiquement équilibrés. Certains n'hésitent d'ailleurs pas à affirmer que l'éthique humaniste est supérieure à l'éthique religieuse et ils avancent en appui à cette idée des arguments qui méritent d'être médités. D'autres, finalement, avouent aimer les rituels et s'y adonner sans fausse honte. Cela se comprend aisément, puisque le rituel est un élément essentiel de la pensée symbolique, ce qui en fait une composante de la nature sociale de l'être humain, qui ne doit rien à la religion.

Ces 14 auteurs nous disent chacun à leur façon que l'absence de dieu n'a rien d'affolant ni de déstabilisant. Au contraire, ils ne s'en portent que mieux. Nous espérons que ces témoignages pourront contribuer aux débats d'idées qui traversent la société actuelle et, surtout, donner une image plus vraie et plus réaliste de la vie sans religion.

Nous espérons enfin que ce livre, qui apporte une première et modeste contribution à notre connaissance de l'incroyance et de sa place au Québec, encouragera des chercheurs à entreprendre des travaux dans cette voie, travaux qui nous paraissent rien de moins qu'indispensables.

Daniel Baril
Normand Baillargeon

Louise Gendron

Le credo d'une incroyante

La petite fille, béret sur la tête, missel à la main, fait le court pèlerinage qui la mène du couvent à l'église du village. Tous les soirs d'octobre, mois de saint Joseph. Et tous les soirs de mai, mois de Marie. Entre les deux, l'avent. Le carême. Et, trois fois par semaine, la messe. Chantée, à l'aube et à jeun. La prière six fois par jour. Les repas en silence. Et la jupe de l'uniforme qui, quand la couventine s'agenouille, doit toucher le sol.

La petite fille, c'est moi. J'ai 11 ans. Et malgré le calendrier qui marque 1966, je vis au XIXe siècle.

Le bon Dieu est bon. Il a créé le ciel et la terre, Il a créé les animaux. Et Il a créé les religieuses qui, par amour pour Lui, s'occupent de moi. Parce que le bon Dieu a aussi fait mourir mon père. Et que ma mère, qui doit travailler pour nous faire vivre, ne peut s'occuper de nous, mon petit frère de cinq ans et moi. Le bon Dieu est bon.

Mes compagnes et moi dormons dans des « cellules » où seul un rideau blanc nous permet de nous déshabiller à l'abri des regards des gens qui passent dans le couloir. Il faut le soir emplir la cruche d'eau avec laquelle on se débarbouillera le matin ; en hiver, un épais frimas couvre l'eau. On sort le samedi midi, après la répétition des chants religieux de la semaine suivante. On rentre le dimanche soir après souper. Pas de tragédie, pas de drame. Mais la vie comme un long ruban gris. À l'ombre du crucifix, sous la houlette de femmes auxquelles rien – ni famille ni émotion – ne nous lie.

L'absence d'amour comporte certains inconvénients, mais permet d'avoir les yeux en face des trous.

Ainsi, même une enfant peut se rendre compte que Sœur Chose des Anges déteste Sœur Machin Rédempteur, que Sœur Truc de Marie est une Hitler en cornette et que la pauvre Sœur Unetelle du Perpétuel Secours est le souffre-douleur de ses compagnes. Trente femmes dans un petit couvent, trente scorpions dans un bocal. Engluées dans le miel de la Parole de Dieu. Et sans respect pour l'intelligence.

« Ma sœur, pourquoi le bon Dieu fait-il mourir des enfants en Afrique ?

– Il rappelle à Lui les meilleurs.

– Alors, Dieu préfère les petits Noirs aux petits Blancs ?

– Il a d'autres desseins pour nous. Ouvrez vos manuels à la page 46.

– Ma sœur, avec qui Caïn s'est-il marié ?

– Ne pose pas de questions insolentes. »

J'ai décroché.

Il faut dire que je n'étais pas très bien amarrée. C'est la faute du père Noël, je crois. Toute ma petite enfance, cet ogre vêtu de rouge et volant dans le ciel m'a terrifiée. La barbe et la grosse voix, bien sûr. Mais surtout parce qu'il ne cadrait pas avec le reste de la réalité. Je me souviens du soulagement éprouvé le jour où – j'avais peut-être cinq ans – j'ai appris qu'il n'existait pas pour vrai. Que les cadeaux de Noël venaient de mes parents qui m'aimaient beaucoup. Franchement, j'aimais mieux ça.

Un talent naturel pour l'athéisme ? Peut-être. Et au couvent, dans ce terreau riche d'incohérences, il s'est épanoui. J'avais 12 ou 13 ans quand la foi m'a quittée. Tombée comme une dent de lait. Sans crise existentielle et sans regret. Ne laissant derrière qu'un sentiment de culpabilité, vague mais pernicieux, envers la sexualité. J'ai mis des décennies à guérir. Plus facile de sortir la fille de l'Église que l'Église du lit de la fille...

M'en était restée, aussi, une allergie à la bondieuserie catholique. Allergie qui s'est généralisée quelques années plus tard lors d'une rencontre brutale avec le beau monde des « nouvelles croyances »...

Mon grand ami Xavier, 20 ans, un peu paumé, pas un rond et vivant à des milliers de kilomètres de sa famille, a été approché par un gang. Fondée par un auteur de science-fiction décidé à faire fortune sans travailler trop fort, cette mafia – qui existe toujours – porte un nom d'Église, bien pratique pour extorquer de l'argent aux gens à l'abri du fisc. Xavier s'est vu promettre – moyennant quelques misérables milliers de dollars – une série de cours et d'ateliers qui lui permettraient de régler tous ses problèmes existentiels. Pas d'argent ? Pas de problème. L'organisation faisait des prix d'amis aux recrues qui acceptaient de travailler gratos.

Mais le nombre d'ateliers nécessaires augmentait sans cesse. Le prix augmentait plus vite encore. Xavier s'est mis à taper tout son entourage, à se brouiller avec ceux qui refusaient de l'aider. S'en serait-il tiré sans ce cancer providentiel qui l'a obligé à rentrer dans sa ville natale, où le chapitre local du gang l'a laissé tomber ? Il y a trente ans de cela et Xavier a peut-être oublié. Pas moi.

Il est facile de comprendre que, dans un moment de fragilité émotionnelle, on puisse se laisser prendre dans de tels pièges. Plus difficile d'accepter que des gens sensés, éduqués et bien portants fassent de même. Il est grand, le mystère de la foi.

Je rêve de prendre quelques bières avec Jean-Claude Turcotte pour qu'il me dise si, cout'donc, il croit à ça pour vrai, l'insémination télépathique par un extra-terrestre, que l'Église catholique appelle l'Immaculée Conception. Ou la transformation d'une côte masculine en vamp obéissante. Des métaphores, me répondrait probablement le cardinal, originellement destinées à inculquer au peuple illettré les fondements de la foi et de la bonne conduite...

« Vous ne croyez pas en Dieu ? Mais alors, vous n'avez pas de morale ! » Cette phrase, la Californienne Bobbie Kirkhart l'a entendue souvent. Je l'avais interviewée dans le cadre d'un reportage sur les athées américains – elle était alors présidente d'Atheist Alliance International. « Ce que ces gens-là disent, s'étonnait-elle, c'est que seule la peur de l'enfer les retient d'assassiner leur patron à coups de tournevis ! C'est absurde... »

La fête de Noël coïncide avec le solstice d'hiver. Pâques, plus ou moins avec l'équinoxe de printemps. Hasard ? Bien sûr que non. Les chrétiens des premiers siècles ont choisi, pour mieux faire accepter leurs rites, ces dates qui étaient déjà des fêtes « païennes », célébrées depuis des millénaires. Du *high-jacking*, quoi. Pareil pour la morale. Ne pas tuer, ne pas voler, ne pas mentir... Les commandements de Dieu sont les mêmes, à quelques virgules près, dans toutes les grandes religions du monde. Parce qu'ils correspondent à des tabous, à des règles profondément inscrites dans l'histoire de l'humanité et, souvent, dans la biologie même. Les tourterelles, les loups, les bonobos ne s'entretuent pas à qui mieux mieux, respectent la propriété d'autrui et ne volent pas le conjoint de leur voisin – ou alors le font dans son dos, comme tout le monde.

Mais les chrétiens, les musulmans et tous les croyants en général sont certains que la morale est la loi de leur dieu à eux. Interrogés par les sondeurs d'opinion il y a quelques années, les Américains se disaient prêts à voter, dans une élection présidentielle, pour un candidat noir (95 %), juif (92 %), femme (92 %) ou homosexuel (59 %). Mais moins de 46 % considéreraient la possibilité de voter pour un incroyant. Bobbie Kirkhart fait partie de ces rares Américains assez solides pour s'afficher publiquement comme athées. Quitte à en payer le prix. Elle a déjà perdu son poste d'enseignante dans une école privée non confessionnelle...

J'ose croire que les Québécois sont moins puritains. Mais reste que, dans l'imaginaire populaire, un athée est un être cynique, sans âme (évidemment...), dénué de toute fantaisie et obsédé par le crucifix de l'Assemblée nationale.

Personnellement, je me fiche du crucifix de l'Assemblée nationale et, même dépourvue d'âme, j'ai une vie spirituelle, assez joyeuse d'ailleurs.

Le talent de camouflage du poulpe commun me remplit d'un étonnement respectueux. La vastitude des ciels de ma campagne des Appalaches m'émeut autant qu'il y a vingt ans. Être une partie, une toute petite partie, de ce système gigantissime qu'est l'univers m'emplit d'un vertige émerveillé. Et d'une intarissable curiosité devant ses mystères.

Athée ? Certainement. Impie ? Avec plaisir. Mais pas incroyante. Je crois à beaucoup de choses.

Que le fer qui transite présentement par mon corps a été fabriqué par une étoile il y a des milliards d'années.

Que mon père, mort il y a plus de quarante ans, vit à travers moi, par ses gènes, mais aussi par les valeurs qu'il m'a transmises, par les souvenirs qu'il m'a laissés. Et que moi qui n'ai malheureusement pas eu d'enfant, me survivrai (un peu) sous la forme des souvenirs et peut-être de certaines petites idées que j'aurai pu semer dans mon entourage.

Je crois que personne ne se souviendra de moi dans cent ans. Un anonymat que je partage avec la quasi-totalité des cent milliards d'humains qui ont foulé le sol de la planète jusqu'à maintenant. Comme les leurs, mes atomes vont se recycler. Vivront dans des plantes que mangeront d'autres animaux, dormiront dans des pierres ou flotteront dans la mer et dans la haute atmosphère jusqu'en Australie.

La vie sur Terre n'a pas évolué pour arriver à moi et va continuer après moi. Ma vie, ma petite personne, ce que je pense, tout ça n'a pas tellement d'importance. Je ne suis qu'une brève lueur dans l'immensité du temps. Et c'est très bien comme ça.

Je me sens insignifiante ? Un peu. Déprimant ? Ça l'a déjà été. Comprendre pleinement, profondément, que le ciel est vide, que je ne vivrai pas d'heureuse réunion céleste avec mes chers disparus, que je m'éteindrai définitivement à mon dernier souffle m'a déjà donné des angoisses. Plus maintenant.

Quand j'étais plus jeune, la réalité de l'univers m'écrasait littéralement. Rien de ce que je pouvais faire n'avait de poids ou d'importance. J'étais paralysée. Ce sentiment d'impuissance a été mon pire ennemi.

Puis, tranquillement, j'ai changé de point de vue. J'ai appris à voir que l'univers est immense au-delà de toute imagination, mais que, moi, je ne vis pas à cette échelle. Je vis dans la réalité d'un point précis de l'espace-temps. Sur la Terre, en lointaine banlieue d'une galaxie sans importance, à cheval entre le XXe et le XXIe siècle. Ma vie est un improbable miracle dont je serais bien folle de ne pas profiter. Pour rire, pour apprécier la beauté, pour aimer. Et pour essayer d'avoir un effet à ma petite mesure sur le monde qui m'entoure.

J'ai une morale. Comme disait le sage, la Terre ne m'appartient pas. Je ne l'ai pas héritée de mes ancêtres, je l'ai empruntée à celui qui la foulera demain. Mes voisins – qu'ils aient deux, quatre ou six pattes, des ailes ou des nageoires – ont le même droit que moi au respect de leurs besoins fondamentaux. Une mauvaise action comporte sa propre punition : celle de me rabaisser instantanément à mes propres yeux. Je n'aurai jamais une autre vie pour me reprendre, agir mieux, faire du bien.

Je serai toujours, je l'espère, allergique aux bondieuseries. Celles de Benoît XVI, comme celles du Maharishi. Celles des islamistes (« La religion est une arme dangereuse », dit Richard Dawkins) comme celles du Dalaï-lama, superstar en Occident mais convaincu, il faudrait s'en rappeler, que les miséreux le sont à cause d'une faute commise dans leur vie précédente...

Mais en colère ? De moins en moins. Bien sûr, la religion a causé l'Inquisition, les Croisades, les pogroms, et d'innombrables guerres. Mais elle a inspiré des chefs-d'œuvre en musique, en architecture, en orfèvrerie. L'instinct religieux, le désir de transcender sa propre nature, est ancré profondément dans le cerveau humain.

Les religions ont, pendant des millénaires, aidé l'homme à expliquer l'inexplicable et donc à le supporter. Elles reculent à mesure que la science avance. Même si, bien sûr, elles ne reculent pas de gaieté de cœur. Il a fallu 359 ans au Vatican pour réhabiliter officiellement Galilée qui avait osé affirmer – en 1633 – que la réalité ne correspondait pas à leurs sacro-saintes Écritures...

Mais pourquoi ne jeter la pierre qu'aux croyants? Les athées ne sont pas sans péchés. Ils sont parfois méprisants et fermés. Aucune idéologie n'a le monopole de l'erreur. Ni de l'horreur. Le communisme a aussi des millions de morts à son ardoise.

Comme tous les athées, j'ai mes héros, et même mes martyrs. La plupart, anonymes et perdus dans la nuit des temps. Ceux qui, probablement pendant des générations, ont lentement perfectionné l'art de faire du feu. La cuisinière de génie qui a pensé à ajouter du thym ou de l'oignon à la tambouille du soir. Ératosthène qui a pu, deux cents ans avant notre ère, mesurer la circonférence de la Terre. Léonard de Vinci, à la curiosité insatiable et systématique, capable de défier l'Église pour comprendre le monde. L'astronome Giordano Bruno, mort sur le bûcher de la Sainte Inquisition catholique pour avoir refusé de renier ce qu'il savait vrai. Galilée, Newton, Darwin, Marc-Aurèle, Frédéric II (celui de Sicile, pas celui de Prusse!), John Stuart Mill, Nicolas de Condorcet, Nelson Mandela, Paul Gérin-Lajoie. Entre autres. Et le biologiste Edward O. Wilson, scientifique respecté et athée convaincu, qui, à 79 ans, tend la main aux chefs religieux de son pays pour qu'ensemble ils travaillent à sauver ce qui peut l'être de l'environnement.

Mes héros sont souvent inconnus. Même de moi. Car alors que les chrétiens sont partout visibles grâce à leurs œuvres de charité clairement identifiées, la Mission agnostique de la soupe n'existe pas, non plus que le Regroupement athée pour la protection du béluga. « Les incroyants, quand ils militent ou travaillent pour la communauté, sont invisibles », m'avait dit John Green, politologue américain spécialisé dans les questions religieuses. « Ils forment pourtant la majorité des membres de sociétés comme Amnistie internationale ou Médecins Sans Frontières. »

Un athée sait que le ciel ne s'entrouvrira pas demain pour annoncer le début de la vie éternelle et qu'aucun dieu ne va passer derrière lui pour réparer ses erreurs et ramasser ses dégâts.

Il est responsable de sa rose.

Yves Lever

De jésuite à athée

Jésuite pendant presque quinze ans, dont six comme prêtre, je suis devenu athée. En 1998, vingt ans après avoir quitté mon ordre religieux, j'ai publié un brûlot antireligieux et anticlérical où j'ai relaté et expliqué mon expérience de la foi. Dans *Petite critique de la déraison religieuse*, je lançais une invitation à considérer tout ce qui touche la religion sous un angle historique et rationnel. Comme j'avais demandé à mon éditeur d'ajouter mon adresse de courriel en page d'ISBN, j'ai reçu des dizaines de courriels dans les mois suivant la publication et je continue d'en recevoir après dix ans. La plupart des lecteurs me disent qu'ils ont vécu un cheminement semblable au mien et ils se réjouissent de pouvoir mettre des mots sur des expériences vécues d'une façon plus ou moins informulée. D'autres expriment une incompréhension totale : comment peut-on devenir athée si on a été vraiment croyant ? Au fond, ils m'écrivent la même réflexion que font beaucoup d'ex-amoureux : si on cesse d'aimer, c'est qu'on n'a jamais été vraiment amoureux... Je ne suis évidemment pas d'accord avec ce point de vue.

Je suis né en 1942 dans un petit village de la Gaspésie, le septième de dix enfants, dans un milieu ouvrier pauvre, mais non misérable. Mon père est très croyant, beaucoup plus que ma mère, mais on pratique une religion qui n'est pas étouffante, le curé étant plutôt débonnaire. Ce sont surtout des religieuses qui assurent mon enseignement élémentaire. De 1955 à 1963, je fais le cours classique à Gaspé, dans un collège dirigé par des prêtres diocésains. Je n'ai évidemment ni les connaissances ni le niveau de conscience pour me rendre compte de tout ce que représente cette culture religieuse dans laquelle je baigne comme dans un liquide amniotique. Jusqu'à mes 21 ans, je connais donc le catholicisme québécois dans ce qu'il a de plus traditionnel, de plus dogmatique, de plus limité intellectuellement, de plus fermé à la modernité.

J'entre chez les Jésuites en août 1963. Personne ne m'y pousse, je le fais avec le degré de liberté et de sincérité que j'ai, compte tenu de mon éducation et d'un certain désir de dépassement que je ressens (ce qu'on nommait alors un « appel de Dieu »). Pourquoi les Jésuites plutôt que le clergé diocésain ? Beaucoup de lectures, dont les romans d'Alexandre Dumas et de Dostoïevski, m'ont donné une image pittoresque de cet ordre dirigé par un « pape noir » qui se prétend parfois l'égal de l'autre. Surtout, j'ai appris qu'on y valorise les longues études, qu'on y travaille beaucoup en éducation, souvent même dans les médias. Cela m'attire et je crois pouvoir y développer mon goût pour la vie intellectuelle et les arts (je fais déjà des critiques de films dans la feuille de chou du collège).

Je fais tout le parcours de la formation jésuite, qui comprend ce qui touche la spiritualité, des études universitaires en philosophie et en théologie, et je suis parallèlement des cours de sociologie. En 1969, au moment où la revue *Relations* (fondée en 1941 par les Jésuites, elle existe toujours) se donne une nouvelle direction et une orientation très ouverte sur les questions sociales, on m'invite à y tenir une chronique régulière sur le cinéma. C'est par ce biais que je me fais un peu connaître dans le milieu des études cinématographiques et que je donne des cours dans divers cégeps et universités. En 1974, je suis engagé au cégep Ahuntsic, où se déroulera ma carrière de professeur de cinéma jusqu'en 2003. Depuis, je me consacre à plein temps à la recherche en histoire du cinéma et je publie diverses études.

En 1969, au moment où j'amorce les études théologiques, un esprit de renouveau assez extraordinaire anime la jeune génération de religieux et religieuses. Woodstock a aussi son effet dans la jeune Église. Le mouvement des « communautés de base », parallèle à celui des « communes » chez les hippies, rassemble les pratiquants en des groupes restreints et crée une nouvelle fraternité. Dans la liturgie, presque tous les rites séculaires sont balayés pour laisser place à des formules plus spontanées, plus festives, moins stéréotypées. Un immense courant de créativité laisse surgir des prières et des musiques originales, proches de la vie des gens. Les improvisations donnent lieu à de bons moments, les extravagances ne font pas peur, les messes « yéyé » sont appréciées même par la plupart des adultes. Je suis très à l'aise dans tout ça. Je suis aussi très occupé, enseignant le cinéma, faisant de la recherche, écrivant des critiques de films. Je concrétise mon engagement religieux en exerçant une certaine pastorale dans des milieux de jeunes adultes très ouverts. L'action ne laisse pas grand temps pour la réflexion.

On le sait, cet esprit de renouveau dans l'Église fait long feu. Après quelques années, la hiérarchie met un holà à la créativité et ramène impérativement les formules traditionnelles, les mêmes que j'entends encore dans les églises lorsque la vie sociale m'impose d'assister à des rites religieux. L'arrivée du pape Jean-Paul II en 1978 marque le retour au conservatisme doctrinal et liturgique le plus rigoureux.

Pour ma part, j'avais déjà décroché. Au moment de la dernière étape de la formation jésuite, une année de réflexion et de rencontres avant le prononcé des vœux solennels, je me suis aperçu que j'étais déjà rendu ailleurs intellectuellement. La plupart des articles du credo n'avaient plus de sens. Entendre parler d'éternité et de résurrection des corps me faisait rugir. Je n'en pouvais plus de réciter cette prière infantilisante qu'est le Notre Père. Entendre chanter *Le Seigneur est mon berger* ne provoquait plus que le sourire en songeant à ce que penserait le mouton s'il se savait destiné au méchoui.

Comment a débuté la réflexion m'amenant à l'athéisme ?

Dès mes 18 ans, je connaissais les études d'Edgar Morin sur le cinéma. Au tournant des années 1970, je découvre avec grand plaisir ses œuvres sociologiques importantes, et c'est lui qui me fait découvrir *Le hasard et la nécessité* de Jacques Monod, ouvrage marquant pour toute une génération. Difficile de répéter le credo après avoir lu ce livre ; ses termes essentiels ne peuvent plus avoir de sens, malgré tout ce que certains théologiens tentent de leur attribuer comme valeur symbolique. Je lis ensuite Stephen Jay Gould, Edward O. Wilson, d'autres scientifiques. Puis arrive Hubert Reeves avec *Patience dans l'azur*, qui m'amène bientôt à lire Stephen Hawking. Ces deux auteurs transforment la façon de voir l'histoire et l'organisation de l'univers. Comment croire à un « dieu créateur », notion élaborée alors qu'on avait une vision absolument étriquée du cosmos ?

D'un univers religieux à un univers athée, la transition s'est faite tout en douceur, au rythme de l'approfondissement de mes réflexions et au fur et à mesure que je découvrais des relations incompatibles entre la rationalité philosophique et scientifique et ce que j'appellerai plus tard la déraison religieuse. Le point de rupture atteint, j'ai communiqué ma décision de quitter les Jésuites à mes collègues et au supérieur. J'ai simplement dit: « Voilà, à compter d'aujourd'hui, je quitte la Compagnie, je ne suis plus jésuite; je m'en vais vivre autre chose. » Je ne l'ai jamais regretté. Je n'ai pas ressenti de sentiment soudain de liberté, car j'avais déjà passé cette étape. Je savais déjà que l'on peut vivre très bien sans religion et sans foi en un dieu. Simplement, je me retrouvais avec plus de temps pour vivre de nouvelles relations avec les femmes, pour explorer d'autres sentiers intellectuels. Un an plus tard, on m'appelait pour signer quelques documents par lesquels j'étais officiellement « réduit » (*sic*) à l'état laïque. Comme je défroquais après une longue série de confrères et que le milieu québécois avait cessé depuis quelques années de s'émouvoir de ce genre de situation, mon cas n'a suscité rien de plus que des clins d'œil amusés ou des boutades pas méchantes de la part des relations et des amis. Dans ma famille, personne n'en a fait un drame. Mon père l'aurait sans doute pris durement, mais il était décédé depuis quelques années; les croyants parmi mes frères et sœurs n'ont pas très bien compris mon geste et se refusaient à me poser des questions précises, mais ils n'ont manifesté aucune attitude de rejet.

D'avoir connu de l'intérieur cet univers religieux catholique me permet aujourd'hui de comprendre la manière de penser qui amène à créer les religions ou à y acquiescer. De mes trente premières années de vie, je sais ce qu'est une vision du monde qui ne se remet jamais en question et qui ne trouve de justification que dans une pensée magique basée sur un pur irrationnel: ce qu'on ne comprend pas relève du mystère divin et la vérité totale sera révélée quand on verra Dieu face à face au moment de basculer dans l'autre vie... L'esprit conservateur des chrétiens, je connais, ainsi que le terreau sur lequel germe le fanatisme de certains mouvements islamistes ou juifs. Je comprends tout aussi bien ce que vivent les bouddhistes et les hindouistes, ce que vivent les moines tibétains et leur dalaï-lama, pour qui je n'éprouve aucune forme de respect à cause de sa façon de jouer un double jeu horripilant dans son mélange de spiritualité aliénante et de politique sans vision. Les petits moines tibétains, avec leurs moulins à prières, dont j'ai vu récemment des avatars au Viêtnam, m'apparaissent tout aussi aliénés que les enfants des écoles coraniques au Mali ou en Afghanistan, aussi aliénés que ceux des écoles hassidiques dans l'Outremont montréalais ou les fils des Témoins de Jéhovah. Par ailleurs, je connais toute la sécurité intérieure que procure la croyance en un être transcendant censé assurer le bonheur total. Je sais aussi que si quelqu'un veut vraiment croire à un dieu quelconque, aucun argument métaphysique ou rationnel ne le fera changer d'idée.

Pour un chrétien, la foi est cette potion magique dont on a mouillé son front à la naissance, supposément avec des effets permanents garantis et même avec une vie éternelle. On naît croyant, malheureusement, ai-je écrit ailleurs. On naît croyant comme on arrive dans une famille nombreuse vivant au bord de la mer en Haute-Gaspésie, soumise aux effets des saisons et aux aléas de la survie matérielle, ayant peu de pouvoir sur l'organisation de la vie collective. La foi est une donnée que personne ne remet en cause, ce que le milieu ne permet d'ailleurs pas, non par des interdits clairs, mais simplement par sa force d'inertie. Elle est « naturelle » comme le fait de respirer, comme l'histoire et les traditions familiales et villageoises, comme les sept péchés capitaux, comme la pensée magique, comme le « gros bon sens » qui n'a souvent aucun sens, découvrirai-je plus tard. Une anecdote pour illustrer ce que certaines perceptions dites naturelles peuvent avoir de trompeur. Après un tournage en Inde, Louis Malle racontait qu'un jour il assista au spectacle d'un fakir qui, à force d'incantations, faisait se dresser une corde vers le ciel ; il filma le tout, évidemment, mais il découvrit sans trop de surprise que sur la pellicule, la corde ne bougeait pas du tout. Racontant le tout au fakir, celui-ci n'a eu pour toute réponse : « Vous êtes drôles, vous les Occidentaux, vous croyez vos machines et non ce que vous voyez avec vos yeux. » Il faut apprendre à se méfier de ce qu'on n'apprend qu'avec nos yeux (la terre est plate, par exemple)... et encore plus avec ce que d'aucuns appellent « les yeux du cœur ».

Je participais récemment à un débat au sujet de la religion. Un savant religiologue de l'UQAM rappelait qu'elle est avant tout une gestion de l'expérience du sacré, définie comme l'approche d'une transcendance, laquelle prend souvent le visage d'un dieu (être personnel) ou peut n'être que la perception vive de « cet inépuisable réservoir de possibles qu'est l'exubérance de la vie » (Guy Ménard). Pourquoi diable associer à cette expérience toute simple – et combien stimulante – qu'est « l'exubérance de la vie » (somme de tous les plaisirs, dont ceux de l'esprit, jouissance esthétique, etc.) le terme de « sacré », chargé de connotations qui n'ont souvent rien à voir avec le vécu humain ?

Pour les chrétiens, l'expérience fondatrice du sacré est la rencontre de Jésus. Ils lui attribuent des effets miraculeux : « Le Christ me fait vivre. » Beaucoup en font la pierre d'assise de leur expérience religieuse, après avoir élagué en grande partie la métaphysique du fameux « dieu en trois personnes » comme un détail presque inutile. À cause de Jésus, ils ne sentent pas le besoin de lire la charte fondamentale de leur religion, le catéchisme, synthétisée dans le credo, qu'ils récitent du bout des lèvres le dimanche à la messe sans jamais réfléchir aux mots exprimés. Qu'a-t-elle de si spécial, cette fameuse rencontre, qui soit différent de celle de tout héros mythique inspirant, d'un personnage romanesque à figure plus ou moins christique, par exemple, Aliocha dans *Les frères Karamazov* de Dostoïevski, ou certains héros d'Albert Camus ? Rien de ce que ses ténors en racontent n'apparaît convaincant, pas plus le cardinal Turcotte parlant de son « chum Jésus » dans la revue *L'Actualité* que le pitoyable abbé Raymond Gravel, un « Kid Kodak » par excellence, essayant maladroitement d'en faire un révolutionnaire pour notre temps (dans *La Presse* lors de Pâques 2008).

Tout ce sacré apparaît dérisoire quand on oriente son esprit dans une autre direction, quand on sait que la soif ne prouvera jamais l'existence de la source. Lorsqu'on réalise que la non-existence de Dieu ne signifie rien de plus que la non-existence du père Noël ou de celle du monstre du lac Pohénégamook, rien ne change dans notre vie. Simplement, on sait dorénavant que les dieux ont été créés par les hommes, et non l'inverse, et que leur disparition ne fait que nous renvoyer à l'exigence de définir nous-mêmes ce qui sera le sens de notre vie.

Dans les écrits des croyants, et même dans ceux qui ne savent pas trop quoi penser, revient continuellement cette idée que l'athée doit vivre un certain vide existentiel, parce que le sens de la vie fourni par la religion n'est remplacé par rien. Comme s'il fallait la foi en un dieu pour savoir que l'amour est meilleur que la haine, la paix préférable à la guerre, la connaissance supérieure à l'ignorance, etc.

Ce « vide existentiel » n'a de réalité que celle que définissent ceux qui prétendent avoir ce qu'il faut pour le combler. Quand la foi n'est plus, avec elle disparaissent l'espérance d'une vie paradisiaque après la mort, une vision du monde et une certaine justification de la morale. Cela peut sembler une grande perte, mais on se fait vite à l'idée que la mort est la phase ultime de la vie et que deux minutes après son décès, on n'existe pas plus que deux minutes avant d'avoir été conçu. On sait que « l'éternité » est une notion absurde puisque le temps est une dimension de la matière ; et l'on sourit à la boutade de Woody Allen : « L'éternité, c'est long, surtout vers la fin. » On se réjouit du fait que le sens de la vie est à créer dans la vie elle-même par ses activités et ses relations avec les autres, en intégrant la connaissance de l'histoire et l'humanisme développé au cours des âges par les meilleurs humains. Cela détermine un horizon éthique plus riche et plus stimulant que les perspectives de gratification ou de punition par un quelconque dieu. D'ailleurs, les valeurs qui fondent la modernité, soit la liberté de pensée, la tolérance, l'égalité des sexes, la disparition des classes sociales, le pluralisme, etc., non seulement n'ont pas leur origine dans les religions, mais ont presque toujours été combattues par elles.

Il est tout aussi ridicule d'affirmer que la religion catholique demeure un fondement de l'identité québécoise. Si elle l'a déjà été en partie, comme elle a aussi constitué un facteur de cohésion sociale parmi d'autres, l'importance qu'on lui accorde dans le passé est souvent exagérée, car ont été tout autant structurants les mythes populaires, le folklore, les partis politiques, les rites villageois, les traditions familiales, les contraintes liées au climat et aux ressources naturelles, etc. De plus, une identité est une réalité dynamique, en continuel remodelage pour tenir compte des expériences et des savoirs que le cerveau engrange, un exercice constant d'adaptation à l'environnement culturel.

Durant mes années d'enseignement au cégep, je ne me suis jamais senti gêné d'avouer mon athéisme, tout en ne dissimulant pas avoir été croyant. Dans le même mouvement, j'affirmais l'importance d'avoir une solide culture religieuse simplement pour comprendre le monde dans lequel on vit. Le partage des univers culturels, inévitable depuis plus d'un siècle, impose une grande ouverture à tous les aspects des autres civilisations. Autrement, impossible de comprendre ce que fait tel personnage qui se prosterne dans un film tunisien, tel autre qui refuse à sa femme mourante le secours d'un médecin homme dans un film iranien, tel passage au mur des Lamentations dans un film israélien, telle biographie de Gandhi, tel rituel de funérailles dans un film japonais, etc. Depuis une quinzaine d'années, on en est au point où non seulement des élèves d'origine asiatique ou du Proche-Orient ne savent pas qui était Jésus, mais c'est aussi le cas de petits Tremblay ou Lévesque. Présenter un film comme *Jésus de Montréal*, dans le cadre d'un cours intitulé « Cinémas et cultures », demandait autant d'explications que pour le film chinois de la semaine précédente. Je dois avouer le malin plaisir que j'ai eu à faire voir ce film à des groupes où se retrouvaient plusieurs ethnies différentes, y compris des étudiantes à hidjab, parce qu'il débute avec cette citation que Denys Arcand a reprise des *Frères Karamazov*: « Il faut détruire l'idée de Dieu dans l'esprit de l'homme. Alors, chacun saura qu'il est mortel, sans aucun espoir de résurrection, et chacun se résignera à la mort avec une fierté tranquille. L'homme s'abstiendra de murmurer contre la brièveté de la vie et il aimera ses frères d'une affection désintéressée. L'amour ne procurera que des jouissances brèves, mais la conscience même de cette brièveté en renforcera l'intensité autant que jadis elle se diluait dans les espérances d'un amour éternel. » Cela m'a valu à plusieurs reprises des échanges musclés avec certains jeunes croyants qui probablement rencontraient un athée pour la première fois.

Depuis longtemps, j'affirme aussi que la meilleure voie vers l'athéisme reste l'étude sérieuse des religions, en abordant la question de Dieu surtout sous les angles historique et métaphysique. Mais pour cela, il faut aller en dehors des facultés universitaires de théologie, où il semble que la question de la foi en l'existence de Dieu doive être réglée avant d'y accéder. Dans ces facultés, qui se disent aussi de « sciences religieuses », ou de « sciences des religions », existe-t-il une vraie attitude scientifique, c'est-à-dire neutre, objective, ouverte à toutes les possibilités intellectuelles ? J'en doute... S'il s'y trouve un ou une professeur athée et capable de tenir un discours cohérent sur sa vision des dieux, je n'ai pas eu connaissance qu'il se soit exprimé publiquement ni qu'il ait publié un ouvrage sur le sujet. Y a-t-il quelqu'un, par exemple, qui pourrait ou oserait écrire l'équivalent du *Traité d'athéologie* de Michel Onfray ou de *L'esprit de l'athéisme* d'André Comte-Sponville ? J'aimerais bien qu'on me détrompe. Nos théologiens publient pourtant des centaines de livres et d'articles chaque année (on n'a qu'à regarder les sites des universités) sur divers aspects des religions – on a le fonds de commerce qu'on peut –, mais s'en trouve-t-il qui font avancer la réflexion sur Dieu ? Je me demande aussi : pourquoi les centaines de professeurs de philosophie des cégeps et des universités n'écrivent rien sur ces questions ? De quoi ont-ils peur ? Pourquoi, sur ces questions, n'entend-on presque toujours dans nos médias et ne trouve-t-on dans nos librairies que des intellectuels français ? Ce qui se discute parfois avec une attitude scientifique dans les facultés de théologie – j'espère que se produit encore ce que j'ai connu il y a quarante ans – ne se rend jamais jusqu'aux paroisses, cela reste de l'érudition confidentielle à l'intérieur du clergé. Pendant ce temps, dans les paroisses, les curés répètent les mêmes âneries chaque dimanche et font réciter le même credo inconsistant. Le curé Leclerc, dans *Jésus de Montréal*, représentait bien l'attitude des curés ordinaires devant leurs paroissiens : « Ces pauvres gens-là ne veulent pas être informés des découvertes archéologiques au Moyen-Orient ; ils veulent se faire dire que le Fils de Dieu les aime et les attend. »

« Si Dieu n'existe pas, tout est permis », a écrit Dostoïevski. J'apprenais cette phrase dans un cours de philosophie au début des années 1960, à Gaspé, et son interprétation, par un abbé confondant allègrement philosophie et théologie, était que l'absence de Dieu signifiait tout le mal possible. Mais si on retourne ce sens et qu'on considère plutôt que la disparition de Dieu et des dieux enlève toute une série d'interdits, de muselages et de censures sclérosantes, que se passe-t-il ? Si le « tout est permis », ou « tout est possible » comme il semble que le terme russe en autorise la traduction, signifie plutôt l'ouverture à toutes les potentialités pour l'être humain ? Si l'individu se libère des tabous et fait confiance à son imagination, que ne peut-il inventer pour laisser surgir « l'inépuisable réservoir de possibles qu'est l'exubérance de la vie » ?

Individuellement, la chose est relativement simple. Collectivement, c'est plus compliqué. Car il faut maintenant apprendre à créer de nouveaux rituels, athées, qui marqueront l'importance des moments essentiels de la vie. La majorité des gens vont encore à l'église pour les baptêmes et les mariages ; ils s'y recueillent pour faire face à leurs deuils. Dans ces situations se manifeste souvent beaucoup d'hypocrisie. Combien de baptêmes et de mariages les curés célèbrent-ils en sachant très bien qu'ils ne reverront plus ces gens à l'église ? Je pense aussi à ces funérailles religieuses, avec ou sans messe, pour des mécréants notoires tels que René Lévesque, Claude Jutra, Gaston Miron, Pierre Perrault, Riopelle, etc. Je ne comprends pas comment les proches de ces personnes demandent ou acceptent ces rites religieux. « C'est parce qu'il n'y a rien d'autre, et qu'il faut bien souligner socialement l'événement », dit-on. C'est perdre de belles occasions d'imaginer des gestes collectifs qui conviendraient à la vérité des personnes en cause. Je veux espérer que les nouvelles générations sauront faire l'effort de créer les rites qui leur conviendront.

Cyrille Barrette

Ce que je crois

Quand j'ai été invité à participer à ce collectif, d'abord j'ai pensé n'avoir rien à dire sur mon incroyance, sauf pour témoigner que je crois être un bon citoyen, un bon père de famille et un homme heureux, même sans foi ni religion. Je ne suis ni heureux ni malheureux d'être incroyant; je constate simplement que je le suis et je suis à l'aise dans cet état. Je n'ai pas envie de dire, comme cet auteur dont le nom m'échappe: « Dieu merci, je suis incroyant. » Pour les croyants, je n'ai ni mépris, ni pitié, ni admiration, ni envie; je suis ce que je suis, ils sont ce qu'ils sont et c'est tout. De plus, j'ai longtemps pensé que les convictions religieuses, comme les orientations et les pratiques sexuelles, appartenaient à la vie intime et privée de chacun. Les signes religieux ostentatoires portés en public en dehors des lieux de culte relèvent pour moi d'une sorte d'exhibitionnisme gênant. Je ne vois rien de positif pour la paix et l'harmonie sociale dans le fait de crier publiquement sa foi à qui n'a rien demandé. « Je trouve indigne de vouloir que les autres soient de notre avis. Le prosélytisme m'étonne. » (Paul Valéry) Je ne veux donc nullement convaincre ou convertir; je veux seulement dire ce que je suis, sans intentions cachées.

J'hésite aussi à afficher mes convictions relatives à la foi de peur de troubler mon entourage. J'étais habité par cette crainte face à mes enfants, voulant à tout prix éviter d'être directif ou de contraindre leur liberté de pensée ou de les influencer indûment sur ces sujets sensibles. Je pense avoir assez bien réussi avec eux à cet égard. J'avais chaque fois la même crainte, à la fin de mes conférences sur le scepticisme et la pensée scientifique présentées à des élèves des secondaires IV et V, alors qu'on me posait presque invariablement des questions du genre: « Mais vous, Monsieur, croyez-vous en Dieu? » ou encore: « Comment pouvez-vous vivre en ne croyant à rien? » J'avais fini par trouver des réponses nuancées et honnêtes tout en ne bousculant personne, je crois, mais j'avais toujours peur de troubler ces jeunes adultes dans leur réflexion en formation.

Selon moi, il n'y a aucune bonne raison pour qu'une personne change radicalement ses convictions religieuses seulement sous l'influence des convictions religieuses d'une autre personne, fût-elle une figure d'autorité comme un pape ou un détenteur de prix Nobel. Cependant je ne suis pas sûr que tout le monde le voie ainsi. Toujours est-il que j'ai finalement accepté l'invitation de Daniel Baril et de Normand Baillargeon à afficher mes convictions, d'abord parce que je fais confiance à leur jugement que j'admire, ensuite parce que j'ai confiance que le lecteur ne me verra pas comme un gourou qui lui offre de penser à sa place; enfin, n'étant ni pape, ni Nobel, je n'ai pas trop à craindre d'imposer mes convictions grâce à une autorité que je n'ai pas. Je vais donc oser dire « ce que je crois » (titre d'une collection influente publiée chez Grasset dans les années 1950 où on retrouve entre autres Jean Rostand, François Mauriac et André Maurois).

Curieusement, je dirai ce que je crois, même si je suis incroyant. Ce mot ne me plaît pas, d'ailleurs. La croyance implique un contenu alors que le mot in-croyance est conçu pour suggérer un manque, un vide, une absence. Le croyant peut décrire le contenu de sa croyance: il croit en A, B, C et D. Le mot in-croyant piège l'incroyant, le limitant à nier la liste du croyant: il ne croit pas en A, B, C et D. Il faut sortir de ce carcan. La vie de l'esprit ne se limite pas à ce que croient les croyants. Je refuse d'être enfermé dans un contenant vide (l'incroyance). Ce serait comme si nos seules options étaient d'être québécois ou in-québécois, alors que, dans les faits, hors du Québec, on peut revêtir un grand nombre d'identités positives (Chinois, Sri Lankais, Mexicain, Hadzabe, etc.) sans la moindre référence au Québec. De même, pour la spiritualité et l'incroyance: en dehors de la foi existe tout un univers spirituel positif et lumineux sans la moindre référence à l'idée de Dieu.

Mais, s'il le faut, ne serait-ce que pour ne pas être accusé d'éviter de répondre à la question, voici ce que je répondrais à un croyant pour me définir par rapport à son monde de la foi. Je suis d'abord un agnostique, tout en étant un athée, mais néanmoins fidèle (expression empruntée à André Comte-Sponville).

J'imagine que, comme la plupart des écoliers éduqués au Québec par des religieuses et des religieux il y a longtemps, entre 1951 et 1963 dans mon cas, j'ai été croyant, sans toutefois avoir gardé de souvenir tangible d'une foi ardente. Je me suis marié à l'église (en 1969, à l'âge de 24 ans) et je me souviens que j'étais alors croyant et pratiquant. Je me souviens également d'avoir rédigé, en 1968, un texte où je tentais maladroitement d'exprimer la vision d'un jeune scientifique croyant (j'étais alors au milieu d'une maîtrise en foresterie) sur la relation du Créateur au cosmos. Je reprenais à peu près les mêmes idées dans un essai remis à mon directeur de thèse de doctorat à Calgary en 1970, dans le cadre d'un cours sur l'évolution, où je me torturais les méninges pour défendre les idées religieuses de Teilhard de Chardin sur la place de l'Homme dans l'évolution de la « conscience cosmique ». Je pense que ma foi s'est estompée petit à petit peu de temps après, soit vers l'âge de 25 ou 26 ans. Je conserve précieusement ces deux textes comme les seuls repères concrets que je possède pour marquer ma transition de croyant à incroyant, dont je n'ai autrement gardé aucun souvenir (je refuserais de publier ces deux écrits, même sous la menace de la torture, tant je les trouve risibles et confus aujourd'hui).

Enfant, je n'ai pas choisi de croire ; adulte, je n'ai ni choisi, ni décidé de ne plus croire ; à l'entrée comme à la sortie, cela s'est fait spontanément, imperceptiblement, comme poussent les cheveux. L'émergence de mon incroyance n'a rien d'une conversion révolutionnaire. C'est davantage comme le jour qui se lève avec une douceur et une discrétion qui ne laissent rien présager de l'ardeur et de l'évidence avec lesquelles il s'imposera à midi.

Je pense donc pouvoir parler de la foi en connaissance de cause, d'abord parce que je l'ai pratiquée pendant vingt ans et surtout parce que, depuis que je l'ai perdue, je n'ai jamais cessé de m'y intéresser, bien que je n'aie jamais ressenti le moindre désir, besoin ou espoir de la retrouver. De plus, je ne me suis jamais senti brusqué ou traumatisé par la religion ou par l'Église. Je ne suis donc ni antireligion, ni anticlérical en général.

Je pense que ma résistance à la croyance religieuse remonte à l'âge de 10 ou 11 ans. Grâce à certains repères concrets, je me souviens clairement qu'à cet âge, je trouvais absolument inacceptables deux des enseignements majeurs du petit catéchisme de l'époque :

le péché originel et l'acceptation aveugle et docile de mystères qu'on ne devait même pas essayer de comprendre (la trinité, la résurrection, la transsubstantiation, etc.).

Dans ma tête d'enfant de 10 ans, je refusais de devoir payer pour un péché commis par d'autres (Adam et Ève) des milliers d'années auparavant, surtout que ce péché était d'avoir osé manger du fruit de l'arbre de la connaissance (du bien et du mal), tout comme je refusais de devoir fermer les yeux sur certains mystères ; je refusais d'accepter que ce serait un péché d'orgueil de tenter de comprendre des mystères que seul Dieu était censé comprendre. Je refusais tout autant de devoir croire ces mystères (ces dogmes) sans autre justification que l'autorité présumée infaillible du pape. Déjà à cette époque, et je me souviens de l'avoir répété à maintes reprises dans des conversations avec deux de mes camarades au secondaire, ce qui comptait le plus pour moi, c'était justement de questionner et de comprendre. Dès l'âge de 12 ou 13 ans, j'étais vivement animé par la liberté de pensée et le désir de comprendre, deux éléments fondamentaux de l'esprit scientifique. Je devrais peut-être remercier cet interdit du catéchisme qui a allumé en moi ces désirs toujours aussi ardents aujourd'hui. Si c'était le but de cet enseignement tordu (j'en doute), avec moi, il a pleinement réussi !

Étant ainsi naturellement scientifique, je suis donc progressivement devenu agnostique, solidement installé dans cette position depuis 25 ou 30 ans. Comme je l'ai fait ailleurs[1], je crois utile de préciser ce que cela signifie pour moi. L'agnostique n'est pas un indécis, incapable de se décider entre croire et ne pas croire. L'agnosticisme ne parle pas de croyance ou d'incroyance, mais d'impossibilité de connaissance. L'agnostique affirme que sur la base de la raison et de sa manifestation majeure, la science, on ne peut rien savoir au sujet de Dieu ou de ce qui appartient au surnaturel. Dans sa version faible, l'agnosticisme affirme que l'on ne peut rien savoir au sujet de Dieu pour le moment, mais que, éventuellement, on pourrait peut-être y arriver ; dans sa version forte, à laquelle j'adhère, il affirme qu'on ne pourra jamais savoir quoi que ce soit au sujet de Dieu. Par définition, il est inaccessible à la raison, il ne pourra jamais faire l'objet d'une connaissance. Quiconque affirme connaître Dieu commet un abus de langage, s'illusionne ou tente de se convaincre. C'est

1. Cyrille Barrette, *Mystère sans magie. Science, doute et vérité, notre seul espoir pour l'avenir*, Québec, MultiMondes, 2006.

une question de définition de la raison, de la science, de la connaissance et de Dieu, et c'est une question de lucidité, de limpidité et d'honnêteté intellectuelle. L'agnostique n'affirme pas qu'il sait que Dieu n'existe pas, il affirme qu'on ne pourra jamais le savoir. C'est une position philosophique fondée sur la raison, en l'occurrence sur la reconnaissance de la nature de la raison, de la pensée rationnelle et de la relation de notre esprit avec le reste du monde réel.

Je suis toujours ouvert à changer d'idée sur mon agnosticisme, mais après des années de réflexion et de lecture, je demeure convaincu que ce qu'on appelle Dieu ne pourra jamais être connu. Ce n'est pas parce que notre esprit est trop faible, ni parce que l'on ne connaît pas assez bien l'univers, ni parce que la science n'est pas encore assez développée qu'on ne peut pas, pour le moment, connaître Dieu ; c'est la nature profonde de l'essence du sens des mots et des idées qui nous en empêche pour toujours.

Si Dieu est inaccessible à la raison, qui elle-même a inventé l'idée de Dieu, ce n'est pas par simple incapacité de la raison ou par manque de connaissance. Le ver de terre dans son terreau sombre sous terre, avec le minuscule ganglion nerveux qui lui sert de cerveau, ne connaît pas, ne peut pas connaître et ne pourra jamais connaître ou comprendre la relativité générale, le 11 septembre 2001, Nelson Mandela ou la planète Uranus, même si tout cela existe vraiment. C'est simplement la faiblesse et les limites de son cerveau et de ses connaissances qui l'en empêchent. Le cas de Dieu est pire que cela ; c'est d'un autre ordre ; ça ne peut pas être touché, même par la meilleure des raisons. C'est comme cela qu'on a défini les mots Dieu, raison, croire et savoir. Si on les définissait autrement, ce qu'on serait bien sûr libre de faire, tout pourrait être différent. Cependant la rigueur et l'honnêteté intellectuelles nous interdisent de donner n'importe quel sens aux mots si on aspire à une réflexion et à un discours logiques, cohérents et intelligibles.

Tout se passe comme si on avait inventé la notion de surnaturel en général, et l'idée de Dieu en particulier, pour s'assurer que la foi aveugle soit possible et même nécessaire et valorisée pour toujours. La foi devient alors une exigence non seulement déraisonnable (croire l'incroyable, voire l'absurde, et toujours sans preuve), mais incontournable pour appartenir à une confrérie unie par son adhésion à la croyance aveugle. Pour appartenir à la religion X, tu dois proclamer croire sans savoir, sans pouvoir savoir, sans vouloir savoir. De plus, pour tester ta foi, on a inventé des objets de croyance plus incroyables, plus irrationnels, plus absurdes les uns que les autres, à commencer par l'idée de dieu. Pour un incroyant comme moi, telle est la nature fondamentale de la foi.

Il ne suffit donc pas de former l'idée et d'inventer le mot pour que « la chose » existe et puisse être connue... D'ailleurs, si on connaissait Dieu, c'est la croyance elle-même qui serait anéantie. C'est ce qu'on dit des élus au paradis : désormais ils connaissent Dieu, ils ne peuvent donc plus y croire et n'ont plus besoin d'y croire « là-haut », comme disent les croyants. « Ici bas », si on croit, c'est faute de mieux, par défaut (serait-ce une faute ou un défaut de croire ?). On ne croit (ou on ne croit pas, c'est selon) que ce qu'on ne connaît pas. « Heureux celui qui croit sans avoir vu », dit le Christ ressuscité à Thomas ; mais justement, en lui donnant à voir, il le dispense, il le prive, il l'empêche de croire. Il le veut croyant, mais en lui permettant de savoir, il l'empêche de l'être. C'est comme devant un miroir : pour me croire beau, je dois garder les yeux fermés.

Étant scientifique et par conséquent rationnel, je suis donc agnostique au sens fort : convaincu qu'on ne pourra jamais connaître ce qu'on appelle Dieu. Ce n'est pas une position molle et indécise, mais au contraire ferme, honnête, lucide, réaliste et rationnelle. Elle n'a rien d'une croyance, elle ne consiste pas à dire « je ne crois pas », mais « je ne sais pas » et même, dans sa version forte, « on ne saura jamais ».

Selon André Comte-Sponville, « l'agnostique coche la case "sans opinion" du grand sondage métaphysique[2] ». Je ne suis pas d'accord. Il coche plutôt, avec sa raison bien allumée : « Je suis convaincu qu'on ne peut pas savoir. » Pensons à la vie extra-terrestre : malgré plus de quarante ans de recherche en exobiologie, on n'en a jamais observé et on ne sait toujours pas s'il en existe. On est donc, pour le moment, condamné à l'agnosticisme, mais on sera libéré de cette condamnation dès la première observation de vie extra-terrestre ; dès cet instant, on pourra passer de « je crois » (ou je ne crois pas) à « je sais ». Une telle observation est du domaine du possible et semble même aujourd'hui de plus en plus probable. Dans le cas de l'existence de Dieu ou de la vie après la mort, la raison et la science sont impuissantes, condamnées à l'agnosticisme à perpétuité, condamnées pour toujours à dire : « Je ne sais pas. » La foi du croyant lui donne espoir

2. André Comte-Sponville, *L'esprit de l'athéisme. Introduction à une spiritualité sans Dieu*, Paris, Albin Michel, 2006, p. 86.

de connaître Dieu et la vie après la mort, mais seulement après sa propre mort ! Ceci est embêtant pour qui veut utiliser sa raison pour connaître et comprendre. Francisco Goya a écrit : « Le sommeil de la raison engendre parfois des monstres. » Rassurons-nous, ces monstres, de même que tout ce qui peuple les croyances religieuses, ne supportent pas la lumière ; ils n'existent qu'à l'ombre de la foi : dès qu'on allume la raison, ils s'évanouissent.

Bien que je sois agnostique, je suis aussi athée. Ici, en regardant bien, vous verrez que je ne suis plus sur le terrain de la raison et de la science en affirmant mon athéisme, mais sur celui des convictions intimes, des opinions sincères, des sentiments personnels et des intuitions profondes. La raison et la science ne sont d'aucun secours sur ce terrain : l'athéisme est une croyance sans fondement rationnel, tout comme la foi.

Comme l'agnosticisme, l'athéisme connaît deux versions ou deux niveaux. L'athée faible affirme simplement : « Je ne crois pas que Dieu existe » ; l'athée fort est plus radical : il croit que Dieu n'existe pas. Tout comme je suis un agnostique fort, je suis un athée fort : je crois que Dieu n'existe pas. De toute évidence, l'idée de Dieu existe, elle est partout et incontournable, mais c'est une idée sans contenu réel, elle ne contient qu'elle-même. C'est une idée forte, persistante, têtue, populaire, répandue dans à peu près toutes les cultures depuis « toujours » ; c'est donc une idée maîtresse chez l'humain, un caractère distinctif de l'espèce. Tout cela est indéniable. Mais Dieu lui-même (ou elle-même) n'est qu'une illusion[3] ou pire une « *delusion*[4] », un délire que l'on prend pour une réalité. De plus, il semble que plus le croyant est éduqué, mieux il arrive à se convaincre que sa foi est logique et rationnelle[5].

Je ne trouve ni réconfort, ni consolation dans les superstitions des religions, même dans les contes les plus beaux et les plus sacrés de la religion de mon enfance. Je ne trouve du réconfort que dans la réalité vécue et quotidienne de la solidarité, de la fraternité, de l'amour et de l'amitié, de même que dans la vérité et dans la contemplation de la beauté et des mystères du monde. Qu'est-ce que l'on

3. Daniel Baril, *La grande illusion. Comment la sélection naturelle a créé l'idée de Dieu*, Québec, MultiMondes, 2006.

4. Richard Dawkins, *The God Delusion*, Boston, Houghton-Mifflin, 2008.

5. Michael Shermer, *Why People Believe Weird Things*, New York, W. H. Freeman, 2e éd., 2002.

gagne en perdant la foi? On gagne le désir de voir, de savoir, de comprendre « ici-bas », comme diraient les croyants. On gagne le goût de la vérité, de la liberté de pensée, de l'acceptation et du courage de ne pas savoir, le goût de la lumière et le désir d'être avec ses semblables, tous engagés dans la même aventure de la vie humaine. Tout cela, c'est du beau, du bon et du vrai, par rapport aux illusions, aux promesses et aux mirages du monde imaginaire des superstitions religieuses. Comme l'aveugle libéré de ses ténèbres, l'esclave qui perd ses chaînes, le prisonnier qui sort de sa cellule, en perdant la foi, on gagne en vérité, en lumière, en réalité, puisque l'on ne perd que des illusions et de faux espoirs; on gagne le goût de bien vivre sa seule vie, la vraie vie, ici maintenant, en communion avec ses semblables.

Une phrase plus que tout autre, je crois, exprime exactement ma conviction profonde sur la condition humaine. Elle est de Jacques Monod, publiée en 1970; je l'ai lue en 1971 et elle ne m'a jamais quitté. Je la médite depuis et elle me convient toujours. Si elle semble brutale, c'est à cause de sa grande lucidité sur la réalité, de loin préférable aux ténèbres de l'ignorance et de l'illusion: « L'homme sait enfin qu'il est seul dans l'immensité indifférente de l'univers d'où il a émergé par hasard. » Comme s'il avait pleinement pressenti l'accueil qui serait éventuellement réservé à cette déclaration par la majorité des gens, Jean Rostand avait écrit vingt ans plus tôt: « Le règne de la science a ouvert une sorte d'époque glaciaire dans l'histoire spirituelle de notre espèce: il n'est pas encore absolument démontré que la frileuse âme humaine puisse résister au climat rigoureux de la raison. Il se pourrait aussi que l'humanité fût, dans son ensemble, incapable de soutenir la vérité de la science. »

Il n'y a aucune contradiction dans le fait d'être à la fois agnostique et athée, ou agnostique et croyant d'ailleurs (comme le sont de nombreux scientifiques). En effet, ces deux convictions vivent sur des terrains distincts. D'une part, je suis convaincu qu'on ne pourra jamais connaître Dieu et, d'autre part, je crois qu'il n'existe pas. Et surtout, ce n'est pas parce que je suis convaincu qu'on ne pourra jamais le connaître que je crois qu'il n'existe pas. Mon incroyance n'a rien à voir avec ma connaissance ou mon absence de connaissance. C'est dans la nature de la foi et de l'athéisme de n'avoir que faire de la raison, de la connaissance ou de la science. Je crois donc que contrairement à une idée reçue largement répandue, il n'existe pas de relation inverse entre la connaissance et la croyance au surnaturel. Cette relation est sans doute valable pour les croyances concernant la nature concrète, mais pas pour le surnaturel. On nomme cette idée reçue « le Dieu bouche-trou » (*God of the gaps*). Elle prétend que plus la connaissance du monde avance, moins on a de raisons de croire en Dieu. Cette idée repose sur un amalgame de la foi et de la raison ou de la croyance et de la connaissance, comme si la connaissance de la nature pouvait gruger la croyance au surnaturel. Dans les faits, connaître la nature ne peut pas toucher la croyance au surnaturel. L'incroyant que je suis est tenté de dire aux croyants que leur idée de Dieu mérite mieux que cela, surtout s'ils veulent la conserver à l'abri des dents de la raison.

Mon athéisme est émotif ou viscéral (même si je sais bien qu'on ne pense pas avec ses viscères), alors que mon agnosticisme est cérébral, rationnel, scientifique. La foi ainsi que toutes les croyances religieuses sont a-rationnelles, c'est-à-dire qu'elles ne peuvent absolument pas compter sur le support ou les confirmations venant de la raison ou de la science, mais, à l'inverse, elles n'ont rien à craindre des contestations ou des tentatives de réfutation par la raison ou par la science. Même si 50 détenteurs de prix Nobel en science déclaraient publiquement leur foi, cela ne procurerait aucune légitimité rationnelle ou scientifique à la foi. À l'inverse, si 50 autres affichaient leur athéisme, ce ne serait nullement une menace scientifique ou rationnelle pour la foi. Étant inévitablement, fondamentalement, totalement et toujours aveugle, la foi ne peut ni souffrir, ni bénéficier des lumières de la raison, ni souffrir de leur absence.

Je sais que la plupart des croyants n'acceptent absolument pas que leurs croyances particulières ou même leur foi en général soient considérées comme a-rationnelles, mais à moins de tordre les mots et les idées à leur guise, ils n'ont pas le choix ; la foi est toujours aveugle, en dehors de la raison. Foi aveugle est un pléonasme, foi éclairée est un oxymore. Elle ne peut certainement pas être éclairée par la raison. Le vrai croyant n'a pas plus besoin de la raison que l'aveugle n'a besoin de lumière. Toutes les tentatives (et j'en connais plusieurs) anciennes ou modernes, de Pierre Teilhard de Chardin dans les années 1950, au généticien Francis Collins, ou aux physiciens John Polkinghorne et Paul Davies de nos jours, pour amalgamer ou réconcilier la foi et la raison ou la religion et la science, sont, sans exception, totalement futiles. Ce sont toutes des tentatives d'ignorer ou d'estomper les distinctions évidentes entre croire et savoir, des tentatives d'intrusions spiritualistes en science[6], qui n'améliorent jamais la science et qui tentent en vain de rationaliser la foi[7].

Sans être schizophrène, je suis donc à la fois agnostique et athée. Qui plus est, je suis un athée fidèle. En effet, comme André Comte-Sponville, je suis toujours fortement attaché à plusieurs des valeurs de l'enseignement religieux de mon enfance. Je pense toutefois que ni la religion en général ni une religion en particulier n'exerce un monopole sur les valeurs morales, éthiques, civilisées. Le hasard de mon histoire personnelle fait que j'ai acquis ces valeurs dans la religion catholique, mais j'aurais tout aussi bien pu les acquérir dans une autre religion, ou sans religion, comme pourraient en témoigner des millions d'autres incroyants. Selon Dostoïevski: « Si Dieu n'existe pas, alors tout est permis ! » Cette idée voulant que, sans religion, la morale n'existe plus ou ne trouve plus de justification valable est à bannir, tout comme l'expression « sans foi ni loi » qui laisse entendre que les deux sont indissociables. Si les croyants le croient, c'est peut-être parce que c'est vrai pour eux ! Ce ne l'est certainement pas pour moi ni pour tous les nombreux incroyants que je connais qui n'ont rien de barbares sanguinaires, mais qui sont au contraire épris de valeurs morales, éthiques, humanistes, librement choisies et assumées avec pleine responsabilité[8].

Je suis donc agnostique, athée et fidèle. Cela dit, je veux maintenant me départir de ces deux étiquettes appauvrissantes qui commencent par un a privatif: a-gnostique et a-thée. Je n'aime pas être considéré comme privé, dépourvu de ce que le croyant considère comme l'essence de son être. Face à moi-même, je ne me considère pas d'abord comme a-gnostique, ni a-thée, ni in-croyant, ni in-fidèle. Je me considère plutôt comme Naturaliste (j'ai le goût d'une majuscule ici), dans les deux sens riches et lumineux du terme.

Naturaliste d'abord dans le sens philosophique, par opposition à sur-naturaliste. Étant scientifique et rationnel, je suis imprégné de

6. Jean Dubessy et Guillaume Lecointre (dir.), *Intrusions spiritualistes et impostures intellectuelles en sciences*, Paris, Éditions Syllepse, 2001.

7. Pour deux exemples récents, particulièrement révélateurs et convaincants de la futilité de l'exercice, voir Jean-Paul II, *Fides et ratio. Lettre encyclique sur les rapports entre la foi et la raison*, Montréal, Fides, 1998 et Jacques Languirand et Jean Proulx, *Le Dieu cosmique. À la recherche du Dieu d'Einstein*, Montréal, Le Jour, 2008.

8. Axel Kahn et Christian Godin, *L'homme, le bien, le mal. Une morale sans transcendance*, Paris, Stock, 2008.

la conviction profonde que le surnaturel n'existe pas en dehors de notre imagination. Il s'agit en fait d'un engagement solennel du scientifique de ne jamais invoquer le surnaturel pour expliquer ce qu'il ne connaît pas ou ce qu'il ne comprend pas ; ni aujourd'hui ni demain. Il s'agit de ce que les philosophes appellent aussi le matérialisme méthodologique. La science elle-même ne peut pas démontrer scientifiquement l'inexistence du surnaturel ; elle n'adhère donc pas au matérialisme ontologique, mais elle fait comme si dans la nature n'existaient que la matière et ce qui en découle (les forces, l'énergie, les propriétés émergentes comme la conscience, etc.). Le scientifique s'interdit donc d'inclure le surnaturel dans ses théories, dans ses équations et dans sa compréhension du monde. De plus, cela ne s'applique pas seulement à ce qu'on ne comprend pas aujourd'hui, mais tout autant à ce qu'on ne comprendra jamais. Invoquer le surnaturel pour combler notre ignorance n'améliore en rien notre connaissance et notre compréhension. C'est plutôt une capitulation de la raison, une négation de l'intelligence. Je suis donc absolument Naturaliste dans ce sens.

Je suis également naturaliste (avec une minuscule) dans le sens de passionné personnellement et professionnellement par la nature. Cela est vrai de la plupart des scientifiques puisque leur objet d'étude et de recherche est un petit morceau de la nature, des étoiles aux atomes en passant par les zèbres et les rivières. Étant biologiste de métier, je suis doublement naturaliste dans ce sens puisque le mot nature désigne particulièrement le monde vivant. Naturaliste, donc engagé dans et passionné par la découverte et l'explication de la nature, ses origines, son évolution, sa nature, ses fonctionnements. Ceci inclut au premier chef l'origine et la nature humaine, ainsi que notre place dans la nature dont nous faisons partie[9].

Je suis décidément beaucoup plus un Naturaliste qu'un incroyant. Si on veut affubler les Naturalistes de qualificatifs tous plus péjoratifs les uns que les autres (athées, infidèles, incroyants, mécréants), ne devrait-on pas inventer un vocabulaire équivalent pour désigner les manques flagrants des croyants (illettrés de la raison, analphabètes de l'esprit critique, indifférents à la réalité et à la logique, crédules, superstitieux, aveugles) ? Le but ici n'est certainement pas de s'insulter mutuellement, mais de souligner la véritable nature

9. Cyrille Barrette, *Le miroir du monde. Évolution par sélection naturelle et mystère de la nature humaine*, Québec, MultiMondes, 2000.

de la foi et ce qui la distingue de la raison. Mais mieux encore, au lieu de vouloir imposer à un camp les critères de l'autre et de les trouver ainsi immanquablement tous les deux handicapés, en manque, invalides, pourquoi ne pas les juger chacun sur son terrain : le croyant sur celui de la foi, le Naturaliste sur celui de la raison ? Chacun serait ainsi apprécié à sa juste valeur, le croyant exerçant sa foi de son mieux et le Naturaliste utilisant sa raison de son mieux, sans référer au monde de l'autre qui de toute façon ne lui convient pas. Prenons le cas des miracles, ces guérisons inexpliquées résultant prétendument d'une intervention surnaturelle. Pour la science, les miracles n'existent pas et pour le croyant, ils n'ont pas besoin d'être expliqués par la science (s'ils l'étaient, ils ne seraient plus des miracles), puisqu'ils le sont déjà par la foi qui, à son tour, pour les scientifiques, n'explique rien. On peut être incroyant sans mépriser la croyance ou les croyants (et vice versa j'espère), mais on ne parle tout simplement pas le même langage ; je dirais même qu'on ne pense pas avec le même esprit.

Je ne suis donc ni théiste, ni déiste ; je suis Naturaliste. Je ne crois ni en Dieu, ni en une vie après la mort, mais je suis néanmoins moral et heureux. Il me semble que j'ai d'autant plus de raisons de célébrer, de vénérer, de chérir la vie, ma vie, ta vie, parce que je crois qu'il n'y a rien d'autre. Si je croyais au miracle, je considérerais mon existence comme miraculeuse tant elle était improbable avant de survenir. Et pourtant je suis là et, qui plus est, je le sais ! Voilà une vérité qui mérite d'être célébrée individuellement et collectivement chaque jour. Il me semble également que j'ai d'autant plus de raisons de cultiver la morale, l'éthique, l'humanisme, puisque je crois que nous sommes seuls dans un univers qui nous est indifférent et que, par conséquent, toute la responsabilité d'une vie bonne nous appartient entièrement ; elle ne nous est pas imposée par la peur ou l'autorité. Puisque nous sommes seuls, essayons au moins d'être seuls ensemble. Pour moi, le dieu cosmique des déistes comme Languirand, Collins, Davies et autres n'est qu'une superstition du même ordre que le dieu à barbe blanche des théistes les plus simplistes. La foi d'un pape, celle d'un scientifique ou celle d'un enfant, c'est pareil : c'est toujours aveugle, a-rationnel, quoi qu'on en dise. L'acte de foi est un acte de confiance et d'abandon aveugles, et non pas un acte d'intelligence ou de raison éclairées.

En résumé, je suis donc forcément agnostique, puisque je suis Naturaliste. Puis je suis athée, mais ici les raisons m'échappent partiellement. Elles sont sûrement nombreuses et enchevêtrées, plusieurs remontant sans doute à mon enfance et à mon adolescence, à des expériences vécues, à des paroles entendues dans ma famille, à l'école, à l'église ou ailleurs. Certaines lectures y sont sûrement pour quelque chose également. Ce qui est certain, c'est que je me méfie de ma propre crédulité, je préfère faire erreur en rejetant une vérité que je crois fausse plutôt qu'en acceptant une fausseté que je crois vraie. De plus, je suis incapable de croire sans de bonnes raisons de croire. Pour moi, la révélation (telle que celle des livres sacrés du judaïsme, du christianisme et de l'islam), la tradition (fût-elle ancienne, largement partagée et solidement établie) et l'autorité (sous toutes ses formes et souvent digne de respect) ne sont pas en elles-mêmes de bonnes raisons de croire. Aussi loin que je me souvienne, je suis un sceptique naturel exigeant. Je suis donc, pour des raisons aussi diverses et nombreuses que discrètes, un athée sincère et convaincu, mais je n'ai rien contre les croyants. Tout comme disait Jean Rostand : « Les croyants m'en veulent pour mon matérialisme, et les autres, qu'ils ne soient pas jubilants. » Enfin, si vous me permettez l'oxymore, je suis un athée catholique, comme d'autres sont des athées juifs ou hindous, puisque je me suis converti au Naturalisme à partir d'une culture et d'une longue éducation catholiques pleinement vécues pendant quelque vingt ans, il y a près de quarante ans.

Je crois donc en la réalité, en la vérité, en la raison, en l'amour, en l'amitié, en la fraternité, en l'humanité. Décidément, avec autant de croyances, l'étiquette d'incroyant ne me convient pas. Alors, je persiste et signe : Cyrille Barrette, *Homo sapiens* et Naturaliste.

Autres références

Collins, Francis S., *The Language of God. A Scientist Presents Evidence for Belief*, Waterville (ME), Wheeler Publications, 2007.

Harris, Sam, *The End of Faith. Religion, Terror and the Future of Reason*, New York (NY), Norton, 2004.

Hitchens, Christopher, *The Portable Atheist. Essential Readings for the Nonbeliever*, Cambridge (MA) et New York (NY), Da Capo Press, 2007.

Ruse, Michael, *Can a Darwinian be a Christian? The Relationship between Science and Religion*, Cambridge (MA) et New York (NY), Cambridge University Press, 2001.

Arlette Cousture

Credo ?

Dieu a d'abord été le petit Jésus auquel je devais adresser ma prière du soir. Agenouillée, les doigts croisés, le front appuyé contre les mains et les fesses sur les talons, voilà à quoi je ressemblais en parlant à un petit Jésus que je ne connaissais pas et qui ne me répondait jamais de toute façon. Je soliloquais mes âneries : fais que je reçoive une poupée de caoutchouc, fais que je perde mes dents, fais que j'aie davantage de friandises, fais que, fais... fais... donne-moi, donne, donne. Je n'ai pas souvenir d'avoir eu, avant de fréquenter l'école, à faire une prière du matin. Dieu a donc d'abord eu le visage de son fils : le visage poupin de la crèche que nous mettions tout près du sapin ou qui trônait dans le chœur de l'église.

Avant même de fréquenter l'école, j'avais une âme sceptique. De Dieu je ne connaissais que le fils et j'avais quand même remarqué qu'il n'y avait aucune statue à son effigie dans l'église. Je ne connaissais même pas l'existence des notions d'espace et de temps. Que dire de l'éternité ! Rien.

J'étais, comme tout enfant, le témoin silencieux d'incompréhensions. Je ne comprenais pas ce que voulait dire charité quand je voyais mesquinerie. Je ne comprenais pas que Dieu était Dieu, parce qu'il était Dieu, un point c'est tout.

À l'école primaire, Dieu commençait à avoir la barbe de son fils. Une barbe brune mal taillée et des cheveux longs. Je ne l'aimais toujours pas. En fait, le jour de ma toute première confession, pour laquelle j'avais dûment été préparée, mon confesseur a soufflé la minuscule flammèche de foi que j'avais pu imaginer. Ayant pris conscience d'avoir, avec mon petit voisin, fait « des choses » terribles avec « sa chose » – je l'avais regardée – dont je ne connaissais même pas le nom, j'ai cru nécessaire de m'en accuser après avoir épuisé les trois péchés suggérés, à savoir : désobéissance à mes parents – trois fois ; mensonge – trois fois ; manque de charité ou gourmandise – une fois. J'ai demandé, candidement, si faire un péché sans savoir que c'est péché, était pécher. – Un péché d'impureté ? m'a demandé mon confesseur. J'avais six ans et l'impureté consistait davantage à ne pas me laver les mains avant de passer à table qu'à regarder « la chose » de mon voisin. Je ne sais pas, que j'ai dit. Mon confesseur a donc déduit que ça ne pouvait qu'être un péché d'impureté et m'a répondu que oui, j'avais fait un péché, peut-être « mortel ». J'avais six ans et j'avais déjà l'âme non seulement souillée par le péché originel, mais elle était même salie par un péché, qui plus est, était mortel. Dans ma tête, que j'ai certainement hochée, venait de se fermer la porte entrouverte sur « le Grand Mystère ». Dès cet instant, je n'ai plus voulu entendre parler de quoi que ce fût ayant trait à la religion ou à la croyance. En fait, dès cet instant, je suis devenue une agnostique en route pour l'athéisme.

J'ai certes continué à bien apprendre. J'ai tout bien appris. D'abord les prières du Notre Père au Je crois en Dieu, en passant par le Je vous salue Marie. En fait, je mens. Je n'ai jamais appris correctement le Je crois en Dieu, « le » Credo. Puisque je n'y croyais pas, je n'ai jamais voulu l'apprendre correctement. Je n'ai jamais voulu le dire. Je n'ai jamais accepté d'en faire le fondement de quoi que ce soit de ma vie. Même à l'école primaire, j'étais incapable de me soumettre à une pensée dont on me gavait allègrement et sans discernement aucun.

J'ai vécu, avant d'avoir 12 ans, un moment absolument traumatisant, que je me suis imposé moi-même, soit dit en passant. J'avais décidé d'être en état de sacrilège ! Comme ça. J'ai blasphémé sans arrêt dans ma tête, sans arrêt. Un dimanche, mon père nous demande de communier pour une intention spéciale ! Catastrophe. Pas moyen de faire semblant. J'avais, pour quelques dimanches, fait semblant de communier, marchant jusqu'à la balustrade et revenant avec ceux qui avaient l'hostie en bouche. Mais là mon père nous fait passer devant lui et c'est à la queue leu leu que nous arrivons à l'avant de la nef. J'entendais mon cœur se déchaîner. J'avais les mains moites, je m'en souviens. De deux choses l'une : si tout ce qu'on me racontait sur les foudres divines était vrai, j'allais mourir dès que l'hostie me toucherait la langue. Si c'était faux, je reviendrais à ma place en la croquant en signe de désobéissance et ferais semblant de prier, les mains jointes, le front humble posé sur le dossier du banc devant le nôtre. C'est en mettant les mains sous la nappe de la balustrade que j'ai senti la moiteur de mes mains. J'avais peur de mourir. J'avais surtout peur que mes parents n'y comprennent rien et aient du chagrin. Je me demandais si j'allais expirer étouffée par l'hostie ou foudroyée par un éclair venu de nulle part qui révélerait à tous que j'avais communié en état de sacrilège. Je ne sais si la langue me tremblait quand j'ai recueilli la sainte espèce, mais j'ai survécu et mon scepticisme n'a fait que s'exacerber.

En septième année, je suis allée au pensionnat. J'étais au Manitoba, immergée dans une culture qui me renversait. Petite Canadienne française, élevée dans une famille catholique « aiguë » comme dirait une de mes amies, formée à l'étroitesse d'esprit et à la bêtise par des religieuses du Québec noir de Duplessis, j'ai d'abord apprécié la différence. J'avais des garçons dans la classe, ce qui était toute une révélation. Je sais que certaines écoles de chez nous étaient ouvertes à la mixité, mais pas la mienne, toute publique fut-elle. Mieux encore, certains élèves de ma classe étaient protestants ! Nous recevions des cours de religion catholique, il va sans dire, et je ne me souviens plus du tout du traitement des protestants durant ce temps.

Le hasard a fait qu'on m'a confié la tâche d'aide-sacristine ! J'avais 12 ans et je déchantais du pensionnat, des religieuses et même du curé. En fait, ma situation d'étrangère, que je ne parvenais pas à transcender – le Québec peut être loin –, m'a fait subir un ostracisme certain, tantôt léger tantôt méchant. Léger, on se moquait de mon accent. Méchant, la religieuse, titulaire de ma classe, me citait en exemple pour illustrer certains péchés capitaux ! L'orgueil, par exemple, puisque j'amorçais mon A majuscule par une petite queue. L'envie ? Certainement, puisque je n'avais pas beaucoup de visiteurs, moi. La paresse ? N'avais-je pas tenté de rester couchée un matin au lieu d'aller à la messe, en affirmant de façon mensongère que j'avais eu la permission de la directrice ? Mais je tenais une permission spéciale de la directrice puisque je faisais une si violente poussée d'eczéma que j'avais toutes les misères du monde à supporter mes sous-vêtements ! J'avais le ventre qui suintait et suppurait dans des bandages qui me collaient à la peau. Je pouvais me reposer, mais la religieuse, ma titulaire comme par hasard, ne cessait de frapper la cloche avec le grelot à trois pouces de mon oreille. Je suis allée à la messe en maugréant.

Maintenant j'ai compris que nous vivions même à des époques différentes.

Bref, le temps a viré au noir. Heureusement, il y avait dans ce couvent des gens gentils et bons, des Jeanne, des Carmelle, la cuisinière qui était la maman d'une petite fille prénommée Gabrielle. Cette dame était d'origine allemande et elle aussi avait un accent dont on se moquait. Lorsqu'elle passait un plat devant nous, elle s'excusait toujours avec déférence en disant « *squeeze me* ». Pauvre dame. Elle faisait à manger, nous servait, nous gâtait et pour tout remerciement ne recevait parfois que des moqueries. À pleurer.

Je comprenais de moins en moins. Il y avait cette religieuse jeune, moustachue et velue qui nous expliquait pourquoi, dans le paradis, elle serait bien plus proche de Dieu que ne le seraient nos parents. Qui nous racontait avec arrogance et fierté que ses propres parents ne pouvaient toucher à ses vêtements maintenant qu'elle était religieuse ! Elle nous empêchait d'ailleurs de le faire pour cette même raison. Où allait-elle chercher que sa robe et son voile étaient consacrés ? Que de bêtises encore, que de bêtises.

Le coup de grâce m'est venu du curé, dont j'ai heureusement oublié le nom. Il m'a été assené d'une langue de vipère du haut de la chaire, rien de moins. En pleine messe du dimanche. En pleine paroisse et non dans la chapelle du couvent. J'avais visiblement creusé ma tombe en deux temps. Premier temps. Un jour, la bonne sacristine, venue de France et âgée de plus de 80 ans, omet de sortir le voile huméral pour je ne sais plus quelle cérémonie. Voilà que le curé fait une génuflexion incomplète et tend les mains sur ses épaules pour recevoir le voile afin de prendre l'ostensoir. Et il reste là, arc-bouté. Je me lève, chuchote à l'oreille presque sourde de la bonne religieuse qui, dans son émoi, me crie d'aller le chercher, innocente ! Le mot bondit sur tous les murs de la chapelle et j'en entends l'écho jusque dans la sacristie où j'ouvre le tiroir pour en extraire le voile ! Je reviens vers le chœur, le remets au servant de messe, pense poser les deux genoux au sol, puisque l'ostensoir est présent, et reprends ma place. Je pleure des larmes sèches qui ne coulent qu'en-dedans. Pourquoi humilier une petite fille de 12 ans qui vient, somme toute, de vous sauver la face ? L'événement, bénin, il est vrai, insignifiant même, m'a tant marquée que j'ai fait de mon personnage de Blanche, dans *Les Filles de Caleb*, une aide-sacristine qui se fera traiter d'innocente ! Étonnant, non ? Cela dit, j'aimais bien cette religieuse avec laquelle je passais des heures à gratter le verre des lumignons.

Dieu creusait sa tombe, mais j'allais lui donner une dernière chance. Pour survivre à l'ennui, à l'éloignement de ma famille, au pensionnat, aux péchés capitaux, aux *squeeze me*, au grelot de la cloche, au manque de visites de ma parenté, à ma terreur de voir la guerre éclater à cause des communistes rouges à la baie des Cochons, je suis, littéralement, sortie de mon corps pour passer tous mes moments libres, toutes mes récréations du soir, à la chapelle. Seule, dans la pénombre, je chantais à tue-tête mon répertoire religieux : *Tantum ergo, Minuit chrétiens, Ave Maria, C'est le mois de Marie* et tutti quanti ! Quand j'en avais assez de m'égosiller, je me réfugiais à quatre pattes sous l'escalier, au sous-sol, par une petite porte afin de m'occuper de je ne sais plus quoi : des sous, des timbres, des images pieuses, des lettres que je recevais, je ne sais plus. Mais on m'y a prise, et on m'a punie grassement comme si j'avais ourdi un violent complot. Contre qui, contre quoi, allez savoir !

Donc, ce curé-aumônier était resté arc-bouté jusqu'à ce que le servant lui pose le voile huméral sur l'épaule. Dans ma tête bien lavée à l'eau bénite, je ne comprenais pas qu'il ne fasse jamais de génuflexion. Même devant le tabernacle ouvert, il faisait à peine une courbette. J'ai sous-entendu à une voisine ou deux qu'il n'était certainement pas un bon prêtre, puisque ses génuflexions... Aïe ! Le jugement était sévère, j'en conviens. Mais quand le visage de la religion se limite aux simagrées, dont les génuflexions, aux grigris, aux prières ânonnées, aux quêtes d'argent et non à la quête d'un Dieu aimant, le choix est évident.

Toujours est-il que le prêche du dimanche suivant n'a pas porté sur l'enseignement de l'évangile ou du message de l'épître, que non. Il a porté sur la religion telle que pratiquée au Québec avec son manque de profondeur, de dévotion, son m'as-tu-vu et ses chapeaux ! Nous étions deux Québécoises dans l'église, les deux mêmes au couvent, les deux seules du village. Ma confiance a disparu en même temps que le secret de la confession. J'aimerais croire que tout cela a été le fruit d'un malheureux hasard. Mais quand hasard rime avec regards... j'ai une attaque virulente de scepticisme.

Mon retour au Québec m'a replongée dans « ma » communauté, mes conneries, mes méchancetés, mes préjugés et ma religion de colifichets. Pendant quatre ans, depuis les Éléments latins jusqu'à la Versification, j'ai souffert viscéralement du perpétuel mensonge dans lequel je m'enfonçais à cause de mes croyances, entendre mes non-croyances.

Mes modèles ont eu plusieurs visages. D'abord mon père surtout, catholique dévot et fervent, ayant même pris le cilice à une certaine période de sa vie. Il n'a jamais manqué sa prière du soir, à genoux, une main posée sur le front. Médaillé de la papauté à trois reprises, membre de l'Ordre de Jacques-Cartier – la Patente – dont on commence à peine à nommer quelques adhérents, il a emporté son secret avec lui dans la mort. Mon père, toujours, n'a juré que par les principes suivants : sa religion, sa race, sa langue. Cela laisse croire qu'il était fermé à tout ce qui n'en était pas. Bien au contraire. Toute sa vie a été consacrée à l'immigration, à l'accueil et au multiconfessionnalisme. Quant à la race, j'ose espérer qu'elle se référait davantage aux différences culturelles qu'à celles de la peau. Il est décédé à 90 ans, six ans après avoir flanché et renié avec un courage exceptionnel sa croyance en Dieu, en l'Église, en des principes avec lesquels il était de moins en moins à l'aise.

En revanche, lorsque j'ai cessé d'assister aux offices religieux, il a accepté la « logique » du geste. Fruit d'une éducation jésuitique, il s'est incliné devant la maïeutique de sa benjamine, elle-même fruit d'une éducation franciscaine et jésuitique.

Quant aux autres personnes qui auraient pu ou dû m'instruire et m'influencer, me donner soif de l'absolu que propose la pensée religieuse, elles n'ont eu aucune influence si ce n'est une occasionnelle reconnaissance devant la bonté d'une geste ou d'une parole. Ainsi, je serai toujours redevable à Thérèse Soucy, que j'ai d'abord connue sous le nom de sœur Hervé de Jésus, et Richard Drolet, qui était le père Olivier. D'elle, j'ai appris le mot vrai ainsi que la générosité. De lui, j'ai retenu la force de la réflexion et l'indulgence envers soi-même devant une faiblesse, quelle qu'elle soit, donc du courage.

C'est en Belles-Lettres que j'ai secrètement apostasié. J'aurais pu le faire auprès de l'évêque, mais c'eût été illogique que de reconnaître sa fonction, voire son importance.

Quand les années m'ont conduite à la pensée philosophique, Platon, Socrate, Descartes, Kant, Kierkegaard, j'ai eu du mal à comprendre cette pensée *loose cannon* par rapport justement au Droit canon. Par déformation jésuitique, peut-être, je cherchais toujours un fil conducteur à la phénoménologie, ou tout simplement un dénominateur commun aux approches ou aux points de vue, comme le proposent les religions, par exemple. Je cherchais une réponse quand on m'apprenait à formuler la question.

La religion qu'on m'a proposée avait réponse à tout et si elle n'en avait pas, alors il fallait se réfugier dans le mystère et croire en son infaillibilité. Je n'ai jamais été capable de mettre mon esprit à la remorque d'une pensée qui ne me soit propre pour dicter ma conduite, etc., etc.

Je suis certes de culture judéo-chrétienne que j'ai héritée de ma famille. J'ai donc fait miens les concepts du Bien et du Mal, tels que véhiculés par cette culture. Cela dit, les cinq préceptes à la base de l'Islam diffèrent peu des commandements de Dieu et... de l'Église.

Choisir de vivre son athéisme, c'est choisir de vivre responsable de chacun de ses actes sans peine, sans rémission, sans pardon, sans rédemption. Choisir l'athéisme, c'est refuser de rendre un être, éthéré et divin, partial et responsable de nos agissements. C'est préférer regarder à côté de soi plutôt que de s'en référer à quelqu'un d'autre là-haut, là-bas, ici-bas.

Je n'ai rien contre le message des religions : Aime. Reproduis-toi. Aide. Réfléchis ou Prie. Le problème fondamental, à mon avis, se situe dans le messager. Aime, et voici qui tu dois aimer et qui tu dois combattre... Excise ta fille, bats ta femme, coupe le prépuce et le frein du sexe de ton fils. Reproduis-toi, mais voici comment tu dois le faire, avec qui, à quelle fréquence et surtout en occultant que tu es un mammifère bipède plantigrade, auquel la Bible a offert tous les animaux pour le servir ! Aide, mais commence en donnant de l'argent à ton arbitre, à celui qui intercédera en ta faveur auprès du Pouvoir suprême. Prie, mais voici comment : tu te lèves, tu t'agenouilles, tu t'humilies...

Faut-il que l'homme ait eu peur de la vie pour recourir à un intermédiaire, mandaté par Dieu lui-même, pour intervenir en son nom !

Faut-il que l'homme ait eu peur de la mort et ait refusé la brièveté de sa vie pour s'inventer une pérennité, une immortalité d'une arrogance pathétique envers la beauté de la création elle-même. Envers l'essence même de la création, à savoir la vie pour la vie, pour la vie dans tout ce qu'elle offre de simple et de grand.

Quand on est athée, on est offert nu à la vie, sans protection autre que les valeurs intrinsèques à son statut d'homme et de femme.

Tout athée que je sois, je n'ai jamais été indifférente à la vie et à ses exigences parfois terriblement difficiles. Au contraire. J'ai toujours tenté d'aider ou d'intervenir, de soulager ou d'accompagner. Et ce sont les valeurs que je souhaite avoir transmises à mes enfants.

Comme tout être vivant, j'imagine que j'aurai peur de la mort parce qu'elle signifie néant, absence et passage vers l'ignorance même de sa présence sur cette planète. L'au-delà doit ressembler à « l'au-devant », c'est-à-dire à la pré-naissance dont je n'ai aucun souvenir. S'il n'y a rien avant, pourquoi penser qu'il y aura un après ?

Mon père, dont je parlais au début de ce texte, était un penseur. Voici, en essence, ce qu'il nous disait avant son décès, et je le cite : « J'y ai bien pensé [à la religion] et je crois que c'est de la bouillie pour les chats. » Quel courage de se dire qu'on s'est trompé. Mieux encore, quel courage que de l'avouer !

Parce que je suis athée, je ne me signe plus, je n'ai plus jamais communié, par respect pour le symbole, et je vais dans l'église pour les bienvenues ou, plus souvent qu'autrement, les adieux.

Parce que je suis fière d'être une créature cosmique ou planétaire, je m'agenouille devant un enfant pour lui parler face à face, les yeux dans les yeux, ou tout simplement pour l'aider à s'habiller, à boutonner son manteau, pour lui essuyer le nez.

Je m'agenouille devant un mort pour le remercier d'avoir été un être vivant et pour regarder son souffle, bien éteint.

Je m'agenouille devant la terre pour la gratter, la bichonner, l'embellir sans la blesser. Je m'agenouille devant elle pour la remercier d'être si généreuse et lui demander pardon pour notre manque de respect envers sa fragilité.

Voilà maintenant devant qui et quoi je m'agenouille. Je préfère me tenir droite pour porter ma fierté d'humain plutôt que de courber l'échine à grands coups de coulpe et de mépris envers moi-même. Je fais partie de ma planète et j'en aime toutes les brindilles, incluant le fétu qu'est mon être.

Yves Gingras[1]

Le pari de la raison

> Si les religions divisent les hommes, la raison les rapproche.
>
> Ernest Renan[2]

> Même au prix de passer pour borné, il faut tenir pour la raison.
>
> Georges Canguilhem[3]

Je suis *rationnellement* agnostique, mais *existentiellement* et *affectivement* athée. Une telle distinction conceptuelle devrait aller de soi quand on veut discuter clairement de croyances, de spiritualité et de religions. Mais tout comme agnosticisme et athéisme sont souvent confondus, raison et sentiment sont aussi souvent mélangés. En fait, je suis convaincu que tout le brouhaha intellectuel sur la question des rapports entre la science et les religions et le flot d'encre qui a coulé sur ce sujet depuis quelques années s'expliquent d'abord par l'entretien

1. Je tiens à remercier mes amis Robert Gagnon, Camille Limoges et Jean-Philippe Warren pour leurs commentaires et suggestions. Je demeure bien sûr seul responsable des opinions et jugements exprimés dans ce texte.

2. Ernest Renan, Henriette Psichari, « L'islamisme et la science » (1883), *Œuvres complètes*, t. I, Paris, Calmann-Lévy, 1947, p. 961.

3. Georges Canguilhem, « La Philosophie d'Hermann Keyserling », *Libres Propos*, n° 1 (20 mars 1927), p. 19. Merci à Camille Limoges d'avoir attiré mon attention sur ce texte.

de ces confusions conceptuelles. Car une fois admis que la foi est de nature privée alors que la raison relève de ce qui est communicable et donc public, il n'y a pas lieu de débattre des croyances personnelles de tout un chacun, tant et aussi longtemps qu'elles n'interfèrent pas avec les institutions publiques. Devant justement être accessibles à tous les citoyens, ces dernières ne peuvent privilégier de religions ou de croyances particulières, lesquelles relèvent (et doivent rester) du domaine privé, seule façon d'éviter les « guerres de religion ».

En somme : croyez en qui vous voulez et élevez les temples que vous voulez (à vos frais et dans le respect des lois et règlements bien sûr...), mais ne perturbez pas la vie publique avec vos pratiques – et encore moins avec vos injonctions – religieuses.

Voilà, brièvement, ma conception de la vie en société : je ne conteste pas les croyants et je respecte leur spiritualité, mais je m'objecte aux religions instituées dont les porte-parole viennent perturber la vie publique avec leur discours à propos de ce que *leur* Dieu *nous* commande de faire. Je conteste aussi le droit des croyants d'enrôler leurs voisins pour les aider à contourner des préceptes religieux qu'ils disent suivre tout en utilisant les non-croyants pour les contourner. Ce genre de détail, parfois jugé trop terre à terre pour être relevé dans ce genre de discussion, n'est pourtant pas banal. Car si l'on doit bien respecter le choix d'un individu de s'enchaîner dans des pratiques ancestrales devenues incompatibles avec la vie moderne, encore faut-il qu'il assume les conséquences de ses croyances et ne se serve pas d'autrui pour les contourner de façon subtile.

Ainsi, je me souviens d'un professeur qui m'avait demandé de transporter à sa place un bol de salade, car il ne pouvait le faire en raison du sabbat. Je lui ai alors demandé si le ciel allait lui tomber sur la tête s'il le transportait lui-même et ai refusé de le faire à sa place. Cela peut sembler manquer de générosité et de courtoisie ; en fait, il s'agit simplement d'une éthique conséquentialiste : on doit assumer les conséquences de ses gestes et de ses croyances ou en changer. En fait, si Dieu existait, il ne verrait certainement pas d'un bon œil ceux parmi ses épigones qui dépensent beaucoup d'énergie à échafauder des interprétations visant à contourner le sens premier de préceptes ayant perdu leur signification dans le monde moderne pour donner l'impression de s'y conformer.

Cela étant dit, voyons pourquoi les distinctions conceptuelles entre agnosticisme, athéisme, religion et spiritualité, qui se sont imposées dans la longue durée avec le « processus de civilisation » si bien décrit par Norbert Elias, sont aujourd'hui remises en cause dans les débats récents sur les rapports entre religion et société. Mis à part quelques commentaires sur les débats publics survenus au Québec au cours des dernières années, qui me serviront d'exemples, je concentrerai mon analyse sur les rapports entre science et religion, car cela permet de poser de façon fondamentale la question des rapports entre foi et raison. D'autant que le pape Benoît XVI, au nom du Dieu des catholiques, est récemment intervenu sur cette question dans sa célèbre conférence de Ratisbonne pour tenter de montrer que seule la foi peut empêcher la raison de s'égarer.

Le règne de la pensée molle

Commençons par la confusion, savamment entretenue ou conséquence d'une pensée indigente, entre religion et spiritualité. Alors que la seconde est privée et que chacun est bien libre de croire en ce qu'il veut (réincarnation, âme qui survit après la mort, dieu personnel et miséricordieux, etc.), la religion est une organisation sociale qui tente souvent d'imposer son discours dans l'espace public, de faire du prosélytisme et de restreindre les choix de tous au nom du particularisme d'une vision du monde. La raison de cet amalgame est simple : faire passer la religion pour de la spiritualité permet aux porte-parole de ces religions officielles de crier à l'intolérance en prétendant que toute critique est un manque de respect, voire un mépris de choix individuels. Tout cela alors qu'il est patent que ces mêmes porte-parole tentent de limiter la liberté des autres au nom d'une Révélation qui leur est propre. Cette stratégie cousue de fil blanc est ainsi à la base du discours de l'archevêque de Québec, tenu lors des audiences sur les accommodements raisonnables. Il vaut la peine de s'y attarder un peu, car il fournit un bel exemple de ce que certains porte-parole de l'Église catholique veulent imposer, alors que les athées n'empêchent personne de croire à tout ce qu'on voudra, tant et aussi longtemps que les croyants ne tentent pas d'utiliser les institutions publiques pour imposer leurs croyances ou pour prospérer à leurs frais.

La religion comme machine à remonter le temps

Les consultations publiques de la commission Bouchard-Taylor sur les pratiques d'accommodement liées aux différences culturelles ont été l'occasion rêvée pour tous les groupes d'intérêts et porte-parole autoproclamés du « bien public » de venir présenter leur « solution » au problème du jour. C'est ainsi que l'archevêque de Québec et primat du Canada a trouvé une tribune de choix pour expliquer aux deux commissaires et, à travers eux, à l'ensemble de la population que « le véritable problème » n'est pas celui de la place de la religion dans l'espace public, mais, au contraire, celui du « vide spirituel créé par une rupture religieuse et culturelle[4] ». Avis donc aux pauvres naïfs qui sont encore nombreux à croire que la religion est évidemment un problème lorsqu'elle empiète sur le droit à l'égalité des personnes, et des femmes en particulier, thème curieusement absent de son mémoire.

Tout en appelant à mener « sereinement » ce « dialogue sur le malaise actuel », le cardinal présente en fait une homélie sans arguments qui ne fait que marteler une rhétorique agressive qui dénonce les « intégristes laïques » et l'activisme de l'État. L'usage du vieux sophisme *tu quoque* cache mal le fait que, dans l'histoire du Québec, on n'a pas encore vu des incroyants ou des agnostiques priver quiconque de ses droits, alors que l'histoire de l'Église catholique a longtemps été marquée au coin de l'intolérance. Face à l'affirmation du représentant québécois du pape que la tradition religieuse d'ici est « exempte de conflits majeurs », il faut rappeler à sa mémoire sélective que ses prédécesseurs se sont opposés jusqu'en 1942 à l'école obligatoire et, *vingt ans plus tard*, à la création d'un ministère de l'Éducation ! Seul un sophiste formé à la rhétorique orwellienne qui tente de faire croire que « la guerre c'est la paix » peut oser parler des « intégristes laïques ». Et c'est cette même stratégie peu subtile qui amène le cardinal à répéter que la « liberté religieuse » est menacée, alors que l'on sait très bien que tout cela est faux. On assiste en fait ici à une confusion (sciemment entretenue ?) entre une supposée liberté d'utiliser les écoles publiques pour propager la foi catholique, et la véritable « liberté religieuse » des individus qui consiste simplement à pouvoir exercer leur foi et assister aux offices selon leur bon vouloir et sans entraves.

4. Cardinal Marc Ouellet, archevêque de Québec et primat du Canada, « Accommodements raisonnables et liberté religieuse au Québec », mémoire présenté à la Commission de consultation sur les pratiques d'accommodement reliées aux différences culturelles, Québec. Document consulté sur le site www.accommodements.qc.ca.

À ceux qui, voulant faire preuve d'une toujours généreuse « ouverture », diraient que j'exagère et que ces temps anciens sont révolus, j'attirerai leur attention sur le fait – surprenant – que l'archevêque de Québec invoque *explicitement* « la primauté du droit des parents » dans le choix de l'enseignement. Or, ce concept discutable de « primauté du droit des parents » est *précisément* celui qui a toujours été à la base de l'argumentaire de l'Église catholique contre les lois sur l'école obligatoire et l'intervention de l'État en matière d'éducation et même de protection des enfants. Et ce n'est pas tout. Aussi incroyable que cela puisse paraître, Mgr Ouellet écrit que le Québec « est mûr pour une nouvelle évangélisation » et qu'un renouveau spirituel « est possible si le dialogue entre l'État, la Société et l'Église reprend son cours ». L'État au service d'une nouvelle évangélisation ? On nage en plein XIXe siècle ! Et il faudrait, ajoute-t-il, que le Québec « renoue avec ses pratiques traditionnelles afin d'être à la hauteur de la mission qui lui incombe depuis ses origines »...

Et quelle était donc cette mission originelle ? Attachez votre tuque, car la voici de la bouche même du primat : la société québécoise (ou canadienne-française ?) est une « société marquée par sa vocation historique de berceau de l'évangélisation en Amérique du Nord ». Cette société a été « nourrie depuis ses origines [de] valeurs évangéliques et sacramentelles ». La pensée unidimensionnelle et monocausale de l'archevêque explique tout – y compris les problèmes de santé publique ! – par un « vide spirituel » qui aurait succédé au déclin de la pratique religieuse, du mariage et du baptême. Il ne lui vient jamais à l'esprit que les discours du pape et de ses porte-voix, qui proposent l'abstinence sexuelle et l'interdiction des condoms (et de toute contraception autre que « naturelle »), pourraient être perçus par la grande majorité des citoyens éclairés (car heureusement scolarisés dans les écoles obligatoires...) comme complètement déconnectés de la réalité et même dangereux en ce qu'ils ne font que contribuer à propager davantage les MTS et le sida partout dans le monde. De même, il confond allègrement (et probablement inconsciemment) abandon du culte catholique et « vide spirituel », comme s'il n'y avait pas de spiritualité en dehors du catholicisme !

L'impossible rationalisation de la foi

Il est curieux de voir des croyants projeter leur univers mental sur les non-croyants en inventant des problèmes qui, en fait, n'existent pas en dehors de cet univers. Ainsi, il est courant d'entendre des croyants se demander comment on peut se consoler de la mort d'un être cher quand on ne croit pas en Dieu. J'ai moi-même entendu cela lorsque, il y a environ vingt-cinq ans, mon père est décédé. Dans son homélie, le prêtre se demanda à haute voix, devant les amis de la famille réunis pour la cérémonie, comment on pouvait donner sens à une telle perte sans croire en Dieu. J'ai eu la nette impression qu'il s'adressait en fait à moi, sachant probablement que j'étais athée. Au moment même d'écrire ces lignes, j'en ai encore les larmes aux yeux à me rappeler comment – alors que j'étais en sanglots – je me suis retenu de ne pas l'interrompre pour lui dire qu'il était en effet beaucoup plus facile de s'accrocher à la béquille de la croyance en un au-delà de la mort qui serait une « ouverture » à une autre « vie » que d'accepter simplement la très dure réalité de la contingence absolue de notre existence.

Je me souviens aussi très bien du jour où, essuyant la vaisselle pendant que ma mère la lavait, elle me dit spontanément que, sans la croyance en Dieu, la vie n'aurait pas de sens. Ce à quoi je lui répondis qu'elle avait parfaitement raison : la vie n'a en effet aucun sens transcendant, bien que je comprenne que l'on puisse vouloir croire à une continuité après la mort. Pour ma part, j'en étais, et j'en suis toujours, simplement incapable. Dans son autobiographie, *Les mots*, Jean-Paul Sartre croyait se souvenir d'être devenu athée vers l'âge de quatre ans. Je n'ai pas une telle mémoire, mais, aussi loin que je puisse remonter, j'ai toujours été, existentiellement d'abord et affectivement ensuite, athée. Cela n'empêche pas d'avoir une pratique humaniste, et je partage avec d'autres la conviction que la personne athée, pour qui il n'y a rien d'autre que la vie présente, est souvent mieux disposée à vouloir vivre en harmonie avec ses semblables dans cette vie dont elle éprouve la singularité et la fragilité, que des croyants souvent prêts à sacrifier le présent ou à accepter ou même à justifier le mal au nom d'une vie « meilleure » dans l'au-delà. Bien sûr, un croyant peut se dévouer pour les autres, mais un athée en fait souvent tout autant : la compassion et la générosité ne sont pas le monopole des croyants. En somme, il existe bien un humanisme athée[5].

5. Pour une tentative récente de fonder une telle morale, voir par exemple Axel Kahn et Christian Godin, *L'homme, le bien, le mal. Une morale sans transcendance*, Paris, Stock, 2008.

Alors que la foi ne peut relever que d'un choix personnel ou d'une inclination psychologique dont les racines sont avant tout affectives, certains croyants s'évertuent parfois – et les religions instituées, toujours – à « rationaliser » leur foi. Ainsi, le nouveau pape Benoît XVI, théologien fort cérébral, veut nous convaincre que le catholicisme ne doit pas être conçu sur une base volontariste mais plutôt rationnelle. Il prône ainsi une sorte de retour à la position très rationaliste de la foi incarnée par Thomas d'Aquin. Alors que ce dernier a pu construire un système rationnel en l'adossant à la science de son époque, fondée sur la philosophie d'Aristote, ce système d'une grande cohérence s'est en fait effondré au XVIIe siècle avec l'avènement de la science moderne et la diffusion de la doctrine atomiste de la matière, deux mouvements bien représentés par Galilée. À partir de ce moment, la science n'était plus en harmonie avec les dogmes de l'Église catholique qui, au lieu d'adapter ces derniers aux nouvelles sciences, a préféré nier la pertinence de celles-ci et s'accrocher à ses dogmes. Même la science historique, qui a permis d'historiciser la Bible et d'en faire un document parmi d'autres, écrit par des humains parmi d'autres, a dû attendre longtemps avant d'être considérée comme légitime au sein de l'Église. Et ne disons rien de la possibilité d'historiciser de la même façon le Coran, chemin semé d'embûches pour ceux qui oseront s'y aventurer. Comment en effet porter un regard historique objectif, et donc extérieur, sur un ouvrage considéré comme ayant été *dicté* par Dieu ?

L'application systématique de la raison aux doctrines religieuses et à leurs textes « sacrés » ne peut mener qu'à remettre en cause la plausibilité et surtout la rationalité des croyances en un au-delà et surtout en un Dieu personnel « bon et miséricordieux » qui aurait dicté ses lois à des « prophètes ». Une étape cruciale de cette remise en cause de la rationalité d'un Dieu miséricorde est survenue au milieu du XVIIIe siècle, au moment où le rationalisme européen atteignait son sommet.

En effet, le tremblement de terre de Lisbonne, survenu le 1er novembre 1755 et ayant englouti plusieurs dizaines de milliers de personnes dont certaines alors même qu'elles priaient dans des Églises en ce jour de la Toussaint, amena Voltaire à écrire un long *Poème sur le désastre de Lisbonne* dont le long extrait suivant pose clairement l'insoluble question de la justification du mal (ou plutôt de son impossible justification) :

> Mais comment concevoir un Dieu, la bonté même,
> Qui prodigua ses biens à ses enfants qu'il aime,
> Et qui versa sur eux les maux à pleines mains ?
> Quel œil peut pénétrer dans ses profonds desseins ?
> De l'Être tout parfait le mal ne pouvait naître ;
> Il ne vient point d'autrui, puisque Dieu seul est maître :
> Il existe pourtant. Ô tristes vérités !
> Ô mélange étonnant de contrariétés !
> Un Dieu vint consoler notre race affligée ;
> Il visita la terre, et ne l'a point changée !
> Un sophiste arrogant nous dit qu'il ne l'a pu ;
> « Il le pouvait, dit l'autre, et ne l'a point voulu :
> Il le voudra, sans doute » ; et, tandis qu'on raisonne,
> Des foudres souterrains engloutissent Lisbonne,
> Et de trente cités dispersent les débris,
> Des bords sanglants du Tage à la mer de Cadix.
>
> Ou l'homme est né coupable, et Dieu punit sa race,
> Ou ce maître absolu de l'être et de l'espace,
> Sans courroux, sans pitié, tranquille, indifférent,
> De ses premiers décrets suit l'éternel torrent ;
> Ou la matière informe, à son maître rebelle,
> Porte en soi des défauts nécessaires comme elle ;
> Ou bien Dieu nous éprouve, et ce séjour mortel
> N'est qu'un passage étroit vers un monde éternel.
> Nous essuyons ici des douleurs passagères :
> Le trépas est un bien qui finit nos misères.
> Mais quand nous sortirons de ce passage affreux,
> Qui de nous prétendra mériter d'être heureux ?
>
> Quelque parti qu'on prenne, on doit frémir, sans doute.
> Il n'est rien qu'on connaisse, et rien qu'on ne redoute.
> La nature est muette, on l'interroge en vain ;
> On a besoin d'un Dieu qui parle au genre humain.
> Il n'appartient qu'à lui d'expliquer son ouvrage,
> De consoler le faible, et d'éclairer le sage.
> L'homme, au doute, à l'erreur, abandonné sans lui,
> Cherche en vain des roseaux qui lui servent d'appui.

Face à de tels arguments, il ne reste en fait qu'une porte de sortie : une foi aveugle qui se résigne à croire que « les voies de Dieu sont impénétrables »... Mais Benoît XVI rejette la doctrine volontariste du franciscain Duns Scot, qui opposait à « l'intellectualisme augustinien et thomiste » un Dieu dont les décisions « demeurent pour nous éternellement inaccessibles et cachées[6] ».

Les mêmes causes produisant les mêmes effets, les dévastations provoquées par le tsunami survenu dans l'océan Indien le 26 décembre 2004 (le lendemain de Noël...), qui a emporté plus de 200000 personnes, amèneront encore une fois certains croyants à se poser des questions sur les actions (ou inactions) de leur Dieu. Ainsi, l'archevêque de Canterbury, chef de l'église anglicane, avoua que confronté à une telle tragédie, cela le « porte à douter de l'existence de Dieu[7] ». Mais comme il vaut mieux regarder le bon côté des choses, d'aucuns ont préféré voir l'action de Dieu dans la solidarité internationale qui a suivi la catastrophe, comme si l'humanisme présupposait une foi en un Dieu. En fait, à bien y réfléchir, si Dieu existait, le monde serait doublement absurde : à l'idée déjà bizarre d'un personnage créateur du monde, il faudrait ajouter celle encore plus perverse de son impuissance face au mal ou pis encore de son esprit malveillant...

Tous les efforts pour convaincre de la rationalité de la foi sont vains et ne peuvent mener qu'à une forme d'imposition d'un arbitraire culturel sous couvert d'argumentation rationnelle. Car loin d'éclairer la raison, la foi l'a historiquement contrainte et étouffée, et rien ne permet de croire que cela puisse changer. Point n'est nécessaire de revenir en détail là-dessus ici : Giordano Bruno brûlé en 1600, Copernic mis à l'index en 1616, Galilée condamné en 1633. Heureusement que les pouvoirs temporels de l'Église n'étaient plus les mêmes au milieu du XIXe siècle, au moment de la publication de

6. Pape Benoît XVI, « Foi, Raison et Université : souvenirs et réflexions », Conférence de Ratisbonne, 12 septembre 2006. Je cite la version française disponible sur le site Internet du Vatican. Il vaut la peine de noter ici que la mention de Duns Scot n'a pas été faite au hasard. La querelle entre les franciscains, identifiés à Jean Duns Scot, et les dominicains et leurs alliés, promoteurs de Thomas d'Aquin, est ancienne. Elle a même eu des échos au Québec en 1927 quand Ephrem Longpré, lui-même franciscain, a osé faire l'éloge de Duns Scot pour être aussitôt apostrophé par Rodrigue Villeneuve, alors oblat à Ottawa avant d'être nommé cardinal de Québec en 1932, qui lui reprocha de n'avoir pas même mentionné Thomas d'Aquin dans son exposé et lui rappela que c'est bien ce dernier qui incarne la doctrine officielle de l'Église. Voir *Autour de Duns Scot. Polémique*, présentation de Michel Brindamour, Montréal, Éditions du Beffroi, 1989. Encore en 1964, André Dagenais prônera un retour à Scot en réponse à ce qu'il perçoit comme le dogmatisme thomiste dans son ouvrage *Vingt-quatre défauts thomistes. Mémoire sur l'éducation*, Montréal, Éditions du Lys, 1964.

7. *Le Devoir*, 5 janvier 2005, p. A1.

L'origine des espèces par Charles Darwin en 1859, ou, pis encore, lors de la parution de *La descendance de l'homme* en 1871...

Certains aiment à dire que l'Église ne s'oppose pas à la théorie de l'évolution depuis que le pape Pie XII a promulgué, le 12 août 1950, l'encyclique *Humani generis* « sur quelques opinions fausses qui menacent de ruiner les fondements de la doctrine catholique ». Le pape y affirme en effet clairement que « l'Église n'interdit pas que la doctrine de l'évolution [...] soit l'objet de recherches et de discussions de la part des savants de l'un et l'autre parti ». Mais on oublie souvent la suite, car il ajoute : « à la condition que tous soient prêts à se soumettre au jugement de l'Église, à qui le Christ a confié le mandat d'interpréter les Écritures et de protéger la foi[8]. » Au Québec, le cardinal Paul-Émile Léger se fit l'écho de Rome lorsqu'il déclara, à l'aube de la Révolution tranquille, devant les membres de la Société médicale de Montréal, que « ce que la science nous apporte d'incontestable, c'est l'ancienneté de l'homme sur la terre. *L'Église ne voit d'ailleurs aucune opposition entre l'évolution et la création,* car Dieu n'est pas un artisan qui anime miraculeusement la matière inanimée pour faire des êtres divers. Il se sert des lois biologiques[9] ».

Il ne faudrait toutefois pas croire que la porte était ainsi ouverte à *toutes* les hypothèses scientifiques, car le cardinal rappelait que dans *Humani generis,* le pape Pie XII déclare que, face à l'hypothèse du polygénisme, selon laquelle les hommes pourraient provenir de plusieurs lignées différentes, « les fils de l'Église n'ont plus pareille liberté », car un tel polygénisme serait incompatible avec les enseignements sur le péché originel qui relie tous les humains de façon continue à Adam, le premier homme. Le cardinal ajouta qu'il serait donc « téméraire pour un catholique de s'écarter de ce jugement et le savant doit en tenir compte, non pas comme un préjugé qui entrave l'objectivité de sa recherche, mais comme d'une donnée supérieure qui, bien qu'étrangère à la science, peut l'aider subjectivement[10] ». Malgré ces appels à la prudence, la théorie de l'évolution continuera de faire son chemin au sein de l'Église catholique jusqu'à

8. Pie XII, « *Humani generis.* Lettre encyclique de Sa Sainteté le pape Pie XII sur quelques opinions fausses qui menacent de ruiner les fondements de la doctrine catholique », 15 août 1950 ; reproduit dans *Laval théologique et philosophique,* vol. 6, nº 2, 1950, p. 215.

9. Paul-Émile Léger, *Les origines de l'homme,* Montréal, Fides, 1961, p. 10.

10. *Ibid.,* p. 26.

ce qu'en 1996, soit 125 ans après la publication par Darwin de *La descendance de l'homme*, le pape Jean-Paul II déclare de façon solennelle, devant l'Académie pontificale des sciences, que la théorie de Darwin est « plus qu'une hypothèse ». Curieusement, certains ont vu dans cette déclaration un pas de géant, alors qu'il s'agit en fait d'un pas de tortue.

Les tentatives de « dialogue » entre science et foi religieuse qui se sont multipliées depuis une quinzaine d'années – grâce, entre autres, aux millions de dollars que la Fondation Templeton[11] saupoudre partout dans le monde – me rappellent les efforts de Claude Tresmontant dans son gros livre *Comment se pose aujourd'hui le problème de l'existence de Dieu.* Il y convoquait toutes les sciences les plus récentes pour tenter de montrer comment elles éclairent la question de Dieu[12]. Je lisais d'ailleurs cet ouvrage lors d'une visite de quelques jours à l'abbaye de Saint-Benoît-du-Lac que j'avais effectuée, au début des années 1970, avec un ami (plus déchiré que moi). Muni d'une lettre de référence du curé de Montmorency, ma ville natale, nous avions été bien accueillis par le jovial responsable de l'hôtellerie de l'abbaye, Dom Vidal (décédé en 2001 et que je n'ai jamais revu). Me voyant le livre à la main, il m'interrogea sur mes lectures. Lui montrant le livre de Tresmontant, il s'exclama : « Ah ! ça, c'est du solide ! ! Mais attention ! trop de science peut éloigner de la foi ! » Ce à quoi je n'osai répondre ce qui me venait spontanément à l'esprit : en fait, ce livre, malgré une honnête vulgarisation scientifique, est très faible sur le plan des arguments liant science et foi.

Ouvrant aujourd'hui mon exemplaire, jauni et annoté, j'y trouve en marge de plusieurs pages : « ? », « faux », « stupide », « impossible »... Peut-être étais-je alors un peu sévère, mais peut-on sérieusement soutenir, comme le faisait l'auteur dans sa conclusion, que « les sciences positives [...] permettent de découvrir la vérité du monothéisme[13] » ? Dom Vidal avait raison de croire que la science éloigne

11. Pour une critique de cette tendance, voir Yves Gingras, *Parlons sciences. Les transformations de l'esprit scientifique. Entretiens avec Yanick Villedieu,* Montréal, Boréal, 2008, p. 190-194. Pour un exemple local récent de textes « générés » par une subvention de la Fondation Templeton, voir *Raisons d'être. Le sens à l'épreuve de la science et de la religion,* sous la direction de Solange Lefebvre, Montréal, Presses de l'Université de Montréal, 2008.

12. Claude Tresmontant, *Comment se pose aujourd'hui le problème de l'existence de Dieu,* Paris, Seuil, 1971.

13. *Ibid.*, p. 445.

souvent de la foi. En fait, il aurait pu ajouter que c'est l'ignorance qui assure son succès (la foi du charbonnier...). Mais mon hôte était si généreux, si gentil et si plein d'énergie, qu'il eût été déplacé et impoli de ma part de le décevoir. J'avais aussi probablement peur de lui avouer que, si j'étais rationnellement agnostique, j'étais aussi affectivement et existentiellement athée.

Chose certaine, toutes ces vaines tentatives plus ou moins élaborées de se servir de la science la plus récente pour affirmer (ou suggérer) l'existence de Dieu ne sont que de nouveaux avatars du vieil argument du *design* selon lequel il faut bien que quelqu'un ait conçu et créé ce monde qui est si beau et si complexe.

L'idée de lier foi et raison est au fondement de la doctrine thomiste. Cependant, si ce lien a pu avoir un sens pendant un certain temps, c'est parce que la science de l'époque était celle d'Aristote, laquelle n'était pas incompatible avec certains dogmes religieux. Cependant l'Église catholique s'est raidie quand elle a vu que les « nouvelles sciences » du XVIIe siècle, fondées sur l'atomisme et l'héliocentrisme, suivies plus tard du darwinisme, étaient plus difficilement compatibles avec les dogmes religieux.

Et pour ne pas donner l'impression que seuls les catholiques ont pourchassé leurs « dissidents », je renvoie le lecteur au beau film du réalisateur égyptien Youssef Chahine, *Le destin,* qui met en scène, dans la seconde moitié du XIIe siècle, le philosophe Averroès (Ibn Rushd, 1126-1198) attaqué par les intégristes musulmans de son époque, qui veulent détruire ses ouvrages trop imprégnés d'Aristote, un philosophe païen...

La raison a-t-elle des limites?

Le pape a très bien compris que l'avènement de la science moderne a eu des effets importants sur les rapports entre foi et raison. Dans sa conférence de Ratisbonne du 12 septembre 2006 – que les médias ont réduite à tort à une simple attaque de la foi musulmane alors qu'elle est essentiellement consacrée à la question des rapports entre science et foi –, Benoît XVI se dit convaincu qu'en excluant la question de Dieu du domaine de la raison, l'Occident s'est égaré[14]. Le criticisme kantien est pour lui la figure marquante de

14. Pour une analyse critique, voir Jean Bollack, Christian Jambert et Abdelwahab Medded, *La conférence de Ratisbonne. Enjeux et controverses*, Paris, Bayard, 2007.

cette pensée qui a ensuite été radicalisée par les sciences de la nature. Ce mouvement a entraîné une « réduction du rayon de la science et de la raison, qu'il faut mettre en question ». Car, croit-il, si la science se résume à son contenu positif et réfutable (il cite ici le philosophe Karl Popper) :

> les interrogations proprement humaines, « d'où venons-nous ? », « où allons-nous ? », les questions de la religion et de l'éthique, ne peuvent alors trouver place dans l'espace de la raison commune, délimitée par la « science » ainsi comprise, et doivent être renvoyées au domaine de la subjectivité. Au nom de ses expériences, le sujet décide ce qui lui semble acceptable d'un point de vue religieux, et la « conscience » subjective devient, en définitive, l'unique instance éthique. Cependant, l'éthique et la religion perdent ainsi leur force de construire une communauté et tombent dans l'arbitraire.

Ne voyant de possibilité de fondement à l'éthique et à la morale que dans une raison éclairée par Dieu, il affirme de façon péremptoire que « ce qui nous reste de tentatives éthiques fondées sur les lois de l'évolution ou de la psychologie et de la sociologie est tout simplement insuffisant ». Pis encore : « Une raison qui reste sourde au divin et repousse la religion dans le domaine des sous-cultures est inapte au dialogue des cultures. » Pourquoi une éthique purement laïque est-elle insuffisante ? Pourquoi le dialogue des cultures est-il impossible à ceux qui n'entendent rien au divin ? Le lecteur curieux ne le saura point et devra se contenter de ces affirmations lapidaires qui ressemblent à des injonctions à le suivre dans la seule voie éclairée : la sienne.

Voulant se faire rassurant, Benoît XVI affirme qu'il « n'est pas question de recul ni de critique négative, mais d'élargissement de notre conception et de notre usage de la raison. Car, tout en nous réjouissant beaucoup des possibilités de l'homme, nous voyons aussi les menaces qui surgissent de ces possibilités et nous devons nous demander comment les maîtriser ». Or, le problème est simple : si la science a mis la foi hors jeu, c'est bien parce que la raison ne peut la fonder. L'astuce est donc ici d'affirmer par un *fiat* doctrinaire une liaison intime entre foi et raison, tout en soumettant subtilement la seconde à la première qui seule permettrait d'éviter les dérapages d'une raison laissée à elle-même. Nous ne pourrions maîtriser les menaces que font peser sur l'humanité les nouvelles prouesses de la science « que si foi et raison se retrouvent d'une manière nouvelle, si nous surmontons la limitation autodécrétée de la raison à ce qui est susceptible de falsification dans l'expérience et si nous ouvrons de nouveau à la raison tout son espace ». De même, pour répondre à la question « pourquoi en est-il ainsi ? », question justement repoussée hors du champ de la science, et au lieu de « tout simplement accepter comme un donné la structure rationnelle de la matière », le pape demande aux sciences de la nature de s'ouvrir « à d'autres niveaux et à d'autres façons de penser – à la philosophie et à la théologie ». En somme, il propose de revenir à un monde prékantien, en liant ainsi sans crier gare, comme si cela allait de soi, philosophie et théologie après que Kant eut défendu, en 1798, dans son célèbre texte sur *Le conflit des facultés*, l'autonomie de la philosophie par rapport à la théologie.

Il s'agit, en quelque sorte, d'un nouvel avatar du concordisme qui cherche toujours à unir la science à la foi, sachant que la première est plus crédible que la seconde. Mais au lieu des tentatives habituelles d'interpréter les sciences les plus récentes dans un sens qui conforte la théologie catholique, le pape demande plus directement de soumettre la raison aux limites que pourrait lui imposer la foi. En utilisant des arguments plus philosophiques et plus subtils que ceux du cardinal Ouellet, le pape tente lui aussi d'ajouter ses pièces à la machine à remonter le temps qui pourrait nous ramener vers un passé heureusement révolu. Et s'il est vrai, comme d'aucuns aiment à le proclamer, que la raison a des limites et qu'elle « devrait être maintenant placée sous surveillance[15] », le problème est qu'on ne dit pas où se situe exactement cette limite et surtout *qui* doit la surveiller. Pour Benoît XVI, la réponse implicite est claire : c'est la foi qui surveille la raison, tout comme cette dernière surveille la première.

Or, cette symétrie postulée cache une asymétrie fondamentale qu'il faut relever. Alors que l'adhésion à une foi religieuse est un acte individuel et privé, la raison est publique et accessible à tous les êtres humains normalement constitués. En ce sens, la raison est universelle et démocratique, alors que la foi est privée et autocratique. Si la discussion rationnelle peut éventuellement mener à un consensus, on voit mal comment la foi peut faire consensus alors que les religions sont multiples et se dénoncent mutuellement. Encore une fois, seule une pensée molle qui joue sur l'ambiguïté des termes « dialogue » et « ouverture » peut faire passer pour un échange constructif

15. Joseph Ratzinger, « Démocratie, droit et religion », *Esprit*, juillet 2004, p. 23.

ce qui est en fin de compte une tentative d'imposer un arbitraire religieux au nom de « limites », jamais clairement définies, de la raison.

Plus de raison contre les « pathologies de la raison »

Pour conclure, je dirais que loin d'accepter « une forme nécessaire de corrélation entre raison et foi, raison et religion, appelées à une purification et une régénération mutuelles[16] », comme le souhaite Benoît XVI, il faut plutôt admettre que les limites mêmes de la raison sont historiquement mobiles et que c'est donc encore la raison, incarnée dans les débats publics (scientifiques, éthiques et politiques), qui est seule en mesure de contrôler ce qu'il nomme les « pathologies de la raison ». La religion ne peut se placer en surplomb de la raison et la juger : il n'y a pas de surmoi religieux supervisant la raison.

Comme l'a écrit le sociologue Pierre Bourdieu, « l'homme est un être sans raison d'être. C'est la société, et elle seule, qui dispense, à des degrés différents, les justifications et les raisons d'exister[17] ». Et dans une société de plus en plus globalisée, seule la raison, dont la visée est universelle, peut transcender les particularismes et guider le monde vers plus de justice. Dans un monde désenchanté, éternellement soumis à la « guerre des dieux », comme le disait un autre sociologue, Max Weber, l'être humain est condamné à trouver un terrain d'entente en utilisant sa raison s'il ne veut pas disparaître avant la fin, scientifiquement prévue, de notre soleil, ultime source d'énergie et donc de vie sur Terre. Tout comme plus de science peut corriger les erreurs de la science, plus de raison pourra corriger les éventuels dérapages de la raison.

16. *Ibid.*, p. 28.
17. Pierre Bourdieu, *Leçon sur la leçon*, Paris, Minuit, 1982, p. 51.

YANICK VILLEDIEU

Cette hypothèse dont je n'ai pas besoin

Il y a deux questions, ou deux ordres de questions, dans la question de Dieu, ou d'un dieu, ou de dieux. D'abord, l'existence même d'une divinité, d'un « être » qui régirait à la fois le monde qui nous entoure et les humains qui habitent ce monde. Ensuite, les religions, ces systèmes élaborés par des humains et qui, d'une part, codifient leurs relations avec la ou les divinités de leur choix et, d'autre part, régissent à des degrés divers les sociétés qu'ils forment. Je m'attarderai sur le premier ordre de questions : l'existence d'une divinité, quelle que soit la religion qui la révère et qu'on pourrait donc, en quelque sorte, appeler une « divinité suprareligieuse ».

Je n'ai pas eu une éducation très religieuse. Je suis né et j'ai grandi dans une famille pas très riche, dans un petit village de l'est de la France. Enfant de l'école « publique, laïque, gratuite et obligatoire », j'ai quand même fréquenté, comme à peu près tous les enfants de mon âge et de mon univers, l'église de l'endroit. Nous allions au catéchisme. Nous y allions le jeudi, c'est-à-dire le jour où il n'y avait pas d'école. Et au presbytère, c'est-à-dire ailleurs qu'à l'école. Et cela jusqu'au moment où nous faisions, vers 11 ou 12 ans si ma mémoire est bonne, notre « communion solennelle ». Après, fréquenter l'église ou pas ne relevait plus vraiment du choix des parents, mais de la volonté des enfants. Je ne me rappelle pas y être souvent retourné, sauf pour des mariages et des enterrements.

Car d'aussi loin que je me souvienne, j'ai toujours eu énormément de difficulté à « croire ». Je comprenais mal ces « mystères » qu'on nous enseignait au catéchisme du jeudi, ces trinités, ces résurrections, ce fils qu'un père sacrifie, cette toute-puissance, cette bonté divine capable des pires colères et vengeances, ces péchés qu'il fallait confesser, ces étranges purgatoires et ces paradis non terrestres, ces prières par cœur. Je comprenais mal parce que je ne parvenais pas à « croire ». Je ne dirais pas que j'ai tout fait pour croire et que je me suis mis à genoux pendant des heures en attendant que cela m'arrive, comme le suggérait, je crois, un certain Blaise Pascal. Mais j'ai quand même un peu attendu, peut-être même vaguement espéré, qu'il en soit ainsi puisque je passais deux ou trois heures par semaine, durant l'année scolaire, au catéchisme et à l'église.

Il n'en fut rien. Je ne parvins pas à croire. La petite flamme ne me dansa jamais au-dessus de la tête. Et je ne m'en portai pas plus mal.

Car Dieu était – et reste – pour moi une hypothèse dont je n'ai pas besoin, pour reprendre le mot de l'astronome Pierre-Simon Laplace, auteur d'une *Mécanique céleste* dont les premiers volumes ont été publiés à partir de 1799. Quand Laplace présente le fruit de ses recherches à Napoléon, celui-ci lui demande : « Où est Dieu dans tout cela ? » Et le scientifique de répondre : « Dieu est une hypothèse dont je n'ai pas eu besoin. » Autrement dit, pas besoin d'une divinité pour expliquer la nature et son fonctionnement, le mouvement des planètes et l'agencement des corps célestes.

Pour moi, pas besoin non plus d'une divinité ou de dieux pour comprendre la nature, appréhender la beauté ou la laideur des choses, saisir l'épaisseur de la matière ou décrire le « système du monde », pour parler comme Laplace. Contrairement à Pascal, encore une fois, « le silence de ces espaces infinis » ne m'effraie pas. Je dirais même qu'il aurait tendance à me fasciner et même à m'enchanter. Le monde matériel – la terre, l'eau, l'air, le feu, les volcans, le mouvement des plaques tectoniques, les tsunamis, les ouragans, le tonnerre, le ciel bleu le jour et noir la nuit, les planètes, les comètes, les étoiles, les galaxies, les neutrinos, les quarks, les hadrons, les muons, le boson de Higgs, la matière dite noire, les éléments du tableau périodique –, le monde matériel donc est là, en soi, expliqué ou en tout cas explicable par « les lois de la nature », comme on dit. Bref, j'ai une vision profondément matérialiste de l'univers.

J'ai une vision tout aussi matérialiste de ce que nous sommes, comme êtres vivants : un assemblage, merveilleusement organisé, d'atomes qui forment des molécules, de molécules qui forment des cellules, de cellules qui forment des organes, d'organes qui forment des individus. Lesquels individus forment à leur tour des familles, des clans, des groupes, des sociétés.

Et quand je parle d'une conception profondément matérialiste de mes organes, je ne parle pas seulement des ligaments de mes genoux, de mon foie ou de la grosse machine à pomper le sang qui me bat dans la poitrine. Je parle aussi de mon cerveau. Ce qu'il sait et sait faire, ce qu'il ressent, ce qu'il dit ou rêve, ce dont il se souvient et ce qu'il anticipe ou espère, ce qu'il pense, ce qu'il dicte à mes doigts de taper sur mon clavier, tout cela, pour moi, a pour substrat le formidable édifice de molécules et de cellules qui le composent, les courants électriques qui le traversent, les substances chimiques qu'il sécrète ou perçoit, l'oxygène et le sucre qu'il consomme. On ne comprend pas tout sur le cerveau ? Qu'importe, on en comprend chaque jour un peu plus. Et cette fabuleuse machine, dont on dit parfois qu'elle est la machine la plus complexe de l'univers, n'est plus la « boîte noire » qu'on dit encore trop souvent.

Pas besoin non plus d'évoquer ou d'invoquer un super *designer*, un *designer* intelligent, pour rendre compte de la chatoyante diversité de la vie, les virus et les bactéries, les parasites, les plantes, les animaux, dont nous. Quelques réactions chimiques de base dans la soupe primitive, la formation des acides ribonucléiques primitifs, des formes de vie premières qui furent sans doute longtemps à deux dimensions et qui, petit à petit, vont donner les premières cellules... et la machine de la vie est partie. Très, très lentement. Et en prenant bien son temps. Quand on sait d'une part qu'une génération de bactéries peut en donner une autre en aussi peu que vingt minutes, et d'autre part que le beau grand jeu de la vie dure depuis plus ou moins quatre *milliards* d'années, on n'a pas de mal à imaginer que cet incessant bricolage qu'est la vie ait pu donner le monde vivant qu'on voit aujourd'hui.

Pas de mal non plus à imaginer que nous soyons, comme bestioles pensantes à deux pattes, le produit de cet infatigable tâtonnement qu'on appelle l'évolution, tellement les échelles de temps sont longues. La chimie de la vie a débuté, donc, il y a 4 milliards d'années, dans l'eau. Les vertébrés ont apparu il y a au moins 530 millions d'années, et ils sont sortis de l'eau il y a environ 365 millions d'années. Le dernier ancêtre commun aux singes et à nous a probablement vécu il y a 8 millions d'années. Lucy, la célébrissime australopithèque, vivait il y a 3,2 millions d'années. Les premiers représentants du genre *homo* ont fait leur apparition il y a environ

2,5 millions d'années. Quant à *sapiens,* notre espèce, il est aussi jeune et aussi vieux que 100 000 à 200 000 ans. Enfin, l'agriculture, dont on peut dire qu'elle marque le début de l'homme moderne, date de 12 000 à 15 000 ans. Ces quelques repères temporels me permettent aisément de concevoir que, oui, nous sommes bel et bien le produit d'une longue et lente évolution naturelle, qui a ensuite permis une évolution culturelle beaucoup plus rapide. Et donc que notre espèce est d'abord un fruit de la nature – au même titre que les saumons, les épinettes et les champignons sauvages.

Encore une fois, quand je regarde le monde et le vivant, un créateur est une hypothèse dont je n'ai pas besoin.

Mais il y a la mort, celle des miens, celle des autres, la mienne. Comment penser la mort ? Et l'après-mort ? N'allons-nous pas survivre à notre corporelle enveloppe ? Là encore, rien à faire, je ne peux pas imaginer que l'être que je suis ait une « âme » indépendante de son corps. Mon esprit, mes souvenirs, mes connaissances, mes habiletés physiques, etc., tout est matériellement inscrit dans mon cerveau. Quand il n'y aura plus de cerveau, il n'y aura plus rien de tout ce qui s'y trouve. Je ne vivais pas *avant* ma naissance. Je ne vivrai plus *après.* Je retournerai en poussière, je veux dire en molécules et en atomes.

Troublant ? Dérangeant ? Effrayant ? Incompréhensible ? Révoltant ? Peut-être. Mais telle est la nature des choses vivantes : elles deviennent des choses mortes. Les cigales, les vers de terre, les lapins, les lions, les baleines bleues, les cacatoès, les chimpanzés, les baobabs, les tulipes de Hollande ou d'Ottawa, tout ce qui vit finit par se désorganiser, par mourir, par disparaître. Je ne peux absolument pas concevoir qu'il n'en soit pas ainsi pour les humains. En fait, si je « survis » un tant soit peu, ce n'est pas parce que mon esprit flottera quelque part dans l'univers ; c'est parce que je laisserai quelques traces, pendant un certain temps, dans les cerveaux de ceux qui m'auront connu – des traces, encore une fois, matériellement écrites dans les molécules et les cellules des cerveaux en question.

Les religions, en terminant, je n'en dirai que deux mots. Pas besoin d'une longue analyse des différentes religions qui ont éclos dans la tête des hommes pour constater que ces systèmes sont manifestement contradictoires. Formellement, ce serait facile de dire qu'elles sont toutes fausses... puisqu'elles se disent toutes vraies. En tout cas, il faut admettre que, pour le non-croyant, le spectacle des religions et des religieux n'a rien pour le faire sortir de son relativisme. Et qu'il n'a rien non plus pour le persuader que la religion est le seul fondement possible de la morale : combien de guerres, de croisades, d'exécutions, de tortures, de crimes ont-ils été et sont encore commis au nom de la religion ?

Je vis, et très bien, sans l'hypothèse d'une divinité pour expliquer le monde, inanimé ou vivant. Et je suis intimement persuadé qu'une morale purement humaine est possible : je n'ai besoin ni d'un dieu ni de ses commandements pour fonder un système de valeurs et d'interdits qui permette une société dans laquelle on ne tue ni ne vole.

Bref, je vis sans dieux et avec bien peu de maîtres. Je ne sais pas ce qui m'arrivera au moment, profondément inimaginable, de passer de vie à trépas. Je ne sais pas si je serai toujours aussi sereinement athée ou si je n'aurai pas envie, soudain, de « croire » – ce qui ne prouverait pas, de toute façon, que le surnaturel existe.

Mais je sais que bien des humains restent simplement et entièrement des humains jusqu'à leur dernier souffle. J'espère demeurer assez lucide pour être de leur nombre.

Ghislain Taschereau

J'ai raison

Titre prétentieux... Pour qui se prend-il? direz-vous. N'ayez crainte. Je ne me prends pour rien d'autre que ce que je suis: un tube digestif qui raisonne. Je n'ai pas osé écrire « raisonnable », car je ne le suis pas toujours. Sans doute en réaction à la pollution judéo-chrétienne qui a embrumé ma jeunesse.

En fait, j'ai foncé moi-même, tête première, dans le smog ecclésiastique à ma préadolescence en devenant servant de messe. Je me faisais quand même un bon 10¢ par messe. Mon curé était le Lucky Luke du clergé. Il « italiennait » sa messe en un peu moins de douze minutes, hosties avalées, soutanes pliées, tabernacle verrouillé. J'avais de la chance.

Contrairement à un de mes frères aînés qui, quelques années plus tôt, avait frôlé l'asphyxie en se retrouvant coincé sous le poids de son gros curé, j'avais la vie facile car mon curé à moi était plutôt correct. Immensément naïf (prérequis?), mais correct. J'entends naïf car il officiait en moult simagrées sans vouloir ni pouvoir en expliquer tous les fondements. Enfin oui. Il assurait un peu quand même, car il avait un don. Mon curé à moi avait la faculté d'expliquer l'inexplicable sans explications.

Je me rappellerai toujours de cette conversation entre nous qui démontre bien ce que je veux dire. C'était durant le mois de Marie. Un mois magnifique! Hors église, bien sûr. On a beau être au printemps et avoir envie d'aller jouer dehors, pendant le mois de Marie, il faut dire une dizaine de chapelets chaque jour. En plus de la messe! Lucky Luke nous faisait passer de douze à vingt minutes de travail.

Sans daigner majorer mon salaire en fonction du surtemps. Tout ça pour entendre un peuple à genoux qui attend sa délivrance en répétant dix fois la même prière comme on répète une triste chanson à répondre sans mélodie. Allez savoir pourquoi ! Eh bien, c'est ce que j'ai fait. Je suis allé demander pourquoi. Je suis allé demander au curé. J'étais un préadolescent curieux.

MOI. – Monsieur ?
LE CURÉ. – Oui...
MOI. – Pourquoi, dans le mois de mai, vous dites une dizaine de chapelets ? Pourquoi pas un seul Je vous salue Marie ?
LE CURÉ. – C'est pour que la prière monte plus vite au ciel.
MOI. – Plus vite ? Comment, « plus vite » ? Parce qu'on répète dix fois la même chose, ça va plus vite ?
LE CURÉ. – En quelque sorte, oui. En tout cas, c'est plus fort, plus intense.
MOI. – Dix Je vous salue Marie, c'est un peu exagéré, non ?
LE CURÉ. – Pas du tout.
MOI. – Si quelqu'un vous rencontre dans la rue et vous dit « Salut, Monsieur le curé ! Salut, Monsieur le curé ! Salut, Monsieur le curé ! Salut, Monsieur le curé ! Salut, Monsieur le curé ! », vous allez croire qu'il est un peu cave, non ?
LE CURÉ, *un peu outré*. – Tu ne comprends rien !
MOI. – En tout cas, moi, si je demande dix fois de suite un biscuit à ma mère, j'aurai rien d'autre qu'une taloche.
LE CURÉ, *toujours outré*. – Tu ne comprends rien.

Mon curé à moi avait raison. Je ne comprenais rien. Et ça tombait bien puisqu'il n'y avait justement rien à comprendre.

Sexe

Encore aujourd'hui, je ne comprends pas non plus pourquoi les représentants de la secte catholique doivent se priver de sexe. C'est totalement insensé. Si vous êtes privé d'eau, vous ne penserez qu'à ça. Pourquoi donc l'Être suprême leur aurait-il installé bite et con si c'était pour leur en interdire l'usage ? On me donne une bouteille d'eau pour traverser le désert, mais on m'interdit de l'ouvrir.

On justifie parfois cette négligeable contrainte en vantant les bienfaits de l'abstinence sexuelle sur la spiritualité. Depuis quand la tyrannie rend-elle plus spirituel ? Avoir soif faciliterait-il la prière et la méditation ?

L'homme serait le seul animal à devoir contrôler ses instincts, voire les refouler totalement, pour honorer et représenter décemment son créateur. Pure folie ! En quoi l'homme est-il différent des autres animaux ? Ah ! Je l'ai ! C'est le seul animal assez stupide pour prendre les armes au nom d'une *croyance,* d'un dieu qui n'existe que dans sa tête.

Menace et espionnage

Le ciel ou l'enfer. Quelle invention ingénieuse ! Quelle menace efficace pour les esprits faibles. Dans le Québec de mes parents, la menace était même utilisée pour diriger le vote du bon peuple. Une menace, cependant, n'est rien d'autre qu'une menace. Surtout quand sa mise à exécution demeure improuvable... Heureusement, on pouvait se fier à la bonne foi des bonnes gens. Ajoutez à cela la confesse[1] et vous aviez un sondage d'opinion tellement précis que vous pouviez pointer du doigt les brebis galeuses.

Mais pourquoi ? Pourquoi ? Pourquoi ? Éternel pourquoi... Pourquoi marcher sur des œufs entre les sentiers du péché véniel et du péché mortel ? *Au cas où* cela nous vaudrait une vie éternelle au paradis après la mort ? *Au cas où* l'enfer existerait vraiment ? Privons-nous de manger dans cette vie-ci, *au cas où.* Nous nous empiffrerons dans la seconde. Espérons que nous aurons aussi l'appétit éternel...

Famille

Quand j'ai annoncé à ma mère que j'avais apostasié, elle a lâché un tout petit « Aah... » de surprise, puis elle m'a demandé si j'étais au courant que ma sœur avait réussi à vendre sa voiture. Voilà. Le dossier était déjà réglé et on était retombé dans le réel, le concret. Ma sœur avait réussi à vendre sa voiture. C'était palpable, indiscutable, prouvable. Ça, c'est de la mère ! Ça, c'est de la réaction !

On m'a raconté de tristes histoires survenues dans des familles a priori normales pour des questions religieuses. Pour avoir refusé

1. Écoute non électronique doublée d'une forte incitation aux aveux, assaisonnée de menaces.

de faire baptiser sa fille, une connaissance à moi s'est faite rayer du testament de ses parents! Une autre s'est battue avec son propre frère au cours d'un party du Nouvel An parce qu'il annonçait à ses parents qu'il s'était fait débaptiser! Un bras cassé. Message d'amour...

Les religieuseries entourant la mort sont encore plus sacrées, plus taboues. On peut vous garder en vie artificiellement, ou vous garder légume, au lit 24 heures sur 24, sans porter atteinte à votre dignité. Mais on ne peut vous jeter dans un trou, nu, et vous recouvrir de terre, même si c'est votre choix. Tout le monde doit finir ses jours dans un habitacle luxueux, en veston cravate, après une heure de louanges dans un établissement ecclésiastique démesurément grand et ornementé, de sorte que ceux qui restent se sentent démesurément petits et dégarnis.

Quand j'ai annoncé à ma mère qu'à sa mort, je n'irais ni à son service, ni au salon funéraire pour la voir « exposée », elle a lâché un tout petit « Aah... » de surprise, puis elle m'a demandé si c'était parce que je ne l'aimais pas assez. Je lui ai répondu qu'au contraire, je l'aimais trop pour aller voir de quoi elle aurait l'air une fois empaillée et que le souvenir que je voulais garder d'elle était celui d'une femme vivante et tenace. Elle m'a alors demandé si j'aimais la nouvelle petite blouse qu'elle s'était achetée...

Vente et pollution

Liberté de culte. Voilà qui est bien. Liberté de culte au détriment de ceux qui n'en ont pas, voilà qui est moins bien. À l'instar des catholiques, que n'affiche-t-on un panneau publicitaire géant sur le mont Royal pour signifier notre incroyance? Que ne souffle-t-on à la trompette juste après les cloches des églises pour proclamer notre agnosticisme? Que n'appelle-t-on à l'athéisme du haut d'un minaret, comme les musulmans?

Liberté de culte. Et non pas « propagation », « vente », « publicité » de culte. En quoi mon incroyance nuit-elle aux croyants? Quels sont les dommages pour eux? Pourquoi cherche-t-on autant à me vendre une religion? Quand je vois une croix de cinq mètres de hauteur arborant un homme[2] qui tient en place grâce aux clous qu'on a enfoncés dans ses mains et dans ses pieds, je trouve l'image hyper

2. Un homme de race blanche. Traits négroïdes et yeux bridés interdits.

violente, sordide et de très mauvais goût. Cette image me vend une croyance. Cette image m'est imposée. Cette image gâche le paysage. Ces cloches gâchent la quiétude.

Si vous êtes croyants, êtes-vous obligés de prendre le reste du monde à témoin de votre foi ? Qu'est-ce que vous voulez dire, par exemple, quand vous plantez votre statue de Marie en plein milieu d'un pneu peint en blanc ou d'une demi-baignoire ? Que vous êtes très, très, très croyant ? C'est à votre dieu qu'il faut le dire. Pas à votre voisin.

Imputabilité

Voilà une autre des nombreuses bonnes raisons qui m'empêchent de croire que Dieu existe, mais qui me font admirer la délicieuse absurdité de la religion catholique : l'imputabilité.

En théorie, Dieu est bon et Satan est méchant. Faire le bien relève de Dieu et faire le mal relève de Satan. Tout se tient *tant qu'il y a un responsable*, c'est-à-dire tant qu'on peut imputer le bon ou le vilain geste à *quelqu'un*. *Il* m'a aidé à faire le jardin, *il* a fait le bien. Dieu le guide ! *Il* a volé tout ce qu'il y avait dans mon jardin, *il* a fait le mal. C'est Satan qui le mène ! Mais dans le cas où *il* a grêlé sur mon jardin, tout est détruit. Qui donc a tout détruit ? Ah ! C'est la volonté de Dieu... Pourquoi a-t-il tout détruit ? C'est sa volonté... On ne questionne pas la volonté de Dieu. Peuple, à genoux, attends ta délivrance.

On aura compris que tout ce qui est inexplicable et injustifié est imputable à Dieu.

On vole par envie, par nécessité, on tue par haine, par jalousie, par amour, même ! Ces crimes sont imputables à Satan. Ils ne sont guère reluisants, certes, mais ils ont le mérite d'être motivés par un mobile. Or, quand on a affaire à une catastrophe naturelle, à un accident, au fruit du hasard ou à des circonstances incontrôlables, on impute aussitôt la *faute,* sans la nommer ainsi, à Dieu. On dit plutôt que c'est Dieu qui l'a voulu. Pourquoi ? Ça ne vous regarde pas. Dieu l'a voulu.

Votre père meurt, frappé par la foudre, au beau milieu d'un terrain de golf. Quoi de pire à avaler qu'une mort inattendue, bête. Pour quelle raison, la foudre ? Quel est le motif ? C'est Dieu qui l'a voulu. Et il est infiniment bon et infiniment aimable.

Les merveilles du sommeil

Qu'on croie en Dieu, j'ai peine à le comprendre, mais je m'en fiche tant qu'on n'essaie pas de me vendre sa salade. Qu'on veuille croire à la vie éternelle, je comprends mieux. L'homme ne peut pas concevoir qu'il n'est rien de plus ou de moins qu'un chevreuil, une poule, une feuille de radis ou un morpion. Il n'accepte pas son statut d'*être de passage*. Il se croit supérieur aux autres formes de vie. Ah, vanité !

Personnellement, je suis plutôt ravi de savoir que la fin est inévitable. Ça me rassure d'être certain qu'un jour je pourrai arrêter pour de bon. Ça me plaît assez aussi de savoir que je servirai de nourriture aux pissenlits. C'est toujours plus joli qu'un crucifix, un pissenlit.

Un type m'a raconté comment il avait vécu la mort. Après un infarctus en règle, il s'est retrouvé cliniquement mort pendant un certain laps de temps. Pas de lumière, pas de proches, pas d'anges. Noir total. Même pas de générique. On est conscient et l'instant d'après, on ne l'est plus. « C'est comme quand tu dors », a-t-il dit avec nonchalance. Pure merveille...

Pour moi qui souffre régulièrement d'insomnie, le sommeil éternel est beaucoup plus invitant que la vie éternelle...

J'ai raison

Je n'ai nullement besoin d'un dieu dans ma vie et je ne crois en aucune création divine. La création, je la vis et la savoure à travers mes semblables. À travers leur travail et à travers leurs œuvres. Ce sont eux qui m'édifient. Ce sont eux, les tout-puissants. Eux qui vivent à mes côtés, dans la vraie vie, parmi le vrai monde, avec des vraies joies et des vraies peines. Eux qui vont travailler. Eux qui racontent des histoires. Eux qui en écrivent. Eux qui paient des impôts. Eux qui marchent. Eux qui construisent tout à partir de rien. Eux qui soignent. Eux qui font rêver. Eux qui rêvent. Eux qui parlent ma langue. Eux qui cuisinent. Eux qui chantent. Eux qui jouent. Eux qui étudient. Eux qui se débattent et qui se battent contre le pouvoir qui, lui, fraye avec le seul vrai dieu qui existe vraiment, celui que trop de gens idolâtrent et qui corrompt tout : l'argent. Et ce dieu-là, l'Église et les autres sectes frayent aussi avec.

Je le rappelle, je ne suis qu'un tube digestif qui raisonne. Et puisque je suis doté de la raison, je sais pertinemment que si je plante une fourchette dans le nez de mon voisin, je lui fais du mal. Je n'ai pas besoin de l'Église pour me l'apprendre. Pas plus que je n'ai besoin de dix commandements et des règles mathématiques des péchés véniels et mortels pour savoir comment me comporter en société. Comme tous les êtres humains dotés de la raison, je peux évaluer les conséquences de mes actes. Ça me suffit.

Or donc, si on me demandait de déterminer laquelle des trois affirmations suivantes est vraie :

a) Dieu existe.
b) L'Église catholique est pauvre.
c) Les pauvres existent.

Je répondrais « c) » sans hésiter. Et je crois que j'ai raison. Il faut bien croire en quelque chose...

Normand Baillargeon

Confidences d'un mécréant humaniste

> A comme absolument athée
> T comme totalement athée
> H comme hermétiquement athée
> É accent aigu comme étonnamment athée
> E comme entièrement athée
>
> Jacques Prévert

> *Tantum religio potuit suadere malorum.*
>
> Lucretius[1]

Je ne l'ai jamais caché: je suis athée, athée comme Prévert avoue l'être, je veux dire absolument, totalement, hermétiquement, étonnamment (du moins, je le présume, aux yeux de certaines personnes) et entièrement. Et je pense même me souvenir l'avoir été très jeune. Pour citer de nouveau le poète, je pense depuis toujours être « intact de Dieu ».

Cependant, je sais trop ce qu'il entre de reconstruction dans nos souvenirs pour ne pas me méfier de celui-là. D'autant qu'il faut encore préciser ce qu'on entend par athéisme.

Les philosophes distinguent parfois un athéisme négatif et un athéisme positif. Le premier est celui de la personne qui est sans (d'où le privatif: a-) croyance en dieu (-théisme). Je pense que les

1. Tant la religion a pu inspirer de barbarie aux êtres humains (Lucrèce).

enfants naissent athées en ce sens et que de nombreux êtres humains l'ont été, puisque la religion est une création humaine apparue à un moment de l'histoire. Le deuxième sens, celui de l'athéisme positif, est celui selon lequel Dieu n'existe pas.

Après avoir été, bien évidemment, athée au premier sens du mot, je suis aujourd'hui, et depuis très longtemps, athée au deuxième sens du mot.

C'est que je pense qu'il revient à ceux et celles qui croient en Dieu d'avancer des raisons et des arguments qui justifient cette extraordinaire croyance et je soutiens qu'il n'y en a aucun qui soit le moindrement convaincant. Je pense même qu'au contraire plusieurs arguments solides invitent à conclure que Dieu n'existe pas – le principal étant l'existence du mal (c'est l'appellation traditionnelle, mais je dis plus volontiers : de la souffrance) –, qui est incompatible avec l'idée de Dieu telle que les grandes religions la présentent. La seule position qui me paraît dès lors le moindrement défendable pour un croyant est de reconnaître que les incroyants ont les meilleurs arguments dans tout ce débat et de s'autoriser néanmoins ce que certains croyants ont appelé le « saut de la foi ». Ce faisant, le croyant s'immunise contre la critique, mais il se soustrait aussi à toute discussion et à toute prétention à vouloir imposer ses croyances dans l'espace public ou à les imposer aux autres de quelque manière que ce soit et tout particulièrement aux enfants à travers l'éducation.

Je reconnais que je ne peux prouver hors de tout doute raisonnable l'inexistence de dieu – qui est au demeurant une de ces propositions existentielles négatives qui sont très difficiles à établir. Mais les propositions empiriques, sitôt donc qu'on exclut de l'ensemble de propositions celles de la logique et des mathématiques, sont toutes établies avec divers degrés de probabilité : et la probabilité de l'existence de Dieu me semble à toutes fins utiles si négligeable, que je tiens en pratique son inexistence pour certaine. D'un point de vue épistémologique, je la considère comme ayant la même probabilité que l'existence de cette théière dont parlait Bertrand Russell et qui graviterait autour de Mars quoiqu'étant absolument indétectable par tous nos instruments d'observation. Le fardeau de la preuve, dans le cas de cette théière comme dans celui de dieu, revient à ceux qui voudraient nous faire croire en l'existence de ces entités et il n'y a, sur un plan intellectuel, rien qui soit le moindrement discutable ou malhonnête à refuser de donner sa créance à quelque chose quand il n'y a aucune raison de l'accorder. Comme vous, je suppose, je ne crois pas à cette invisible théière ; et je ne crois pas en dieu.

Cette position athée me semble entièrement naturelle, au point où l'existence de gens qui croient en Dieu et qui appartiennent à une religion dont ils suivent les préceptes est une chose qui m'est entièrement étrangère et, je dois l'avouer, largement incompréhensible.

Il y a en effet, dans toutes les religions sans aucune exception, tant de propositions que le fidèle doit croire et qui sont absolument délirantes et tant de pratiques qu'il doit suivre et qui sont ridicules, que je n'arrive pas à comprendre qu'un homme ou une femme disposant de quelques neurones en état de marche puisse réellement croire les unes et se conformer aux autres.

Mais le fait est que même les croyants sont athées, du moins en ce qui concerne ce nombre incalculable de divinités auxquelles croient toutes ces personnes qui adhèrent ou ont adhéré à une religion autre que la leur. Catholique, croyez-vous en Thor ? Musulman, adorez-vous Zeus ? Juif, priez-vous l'une ou l'autre de ces innombrables divinités du panthéon hindou ? Vous voici donc athée pour tous ces dieux-là.

J'ai dit me méfier de mes propres souvenirs. Mais, comme je l'ai aussi dit, il me semble bien que cette position athée a très vite été la mienne, de manière spontanée et dès que j'ai été exposé à l'idée de Dieu. Pour cette raison, il me semble bien que c'est depuis toujours en extériorité, sans m'y sentir impliqué personnellement, que j'ai discuté de questions religieuses – je veux dire par là en en traitant comme j'aurais discuté des croyances étranges de certaines tribus si j'avais été ethnologue.

Je garde à ce propos le souvenir précis de discussions que j'ai eues avec mon père sur l'existence de Dieu, des discussions qui ont fait partie de mon initiation à la philosophie.

J'étais encore très jeune – je devais avoir 11 ou 12 ans – quand mon père m'a offert mes premiers livres de philosophie. Il s'agissait d'une version de poche des *Pensées* de Pascal et d'une édition, toujours en poche, de *Mars ou la guerre jugée*, d'Alain. Je les lisais tous deux, sans bien entendu tout comprendre, loin de là. Mais j'étais fasciné par ce que je comprenais.

De mon petit livre d'Alain, je suis passé à ses *Propos*, dans un exemplaire de la collection de la Pléiade que mon père possédait et que je trouvais extraordinairement beau. Ce livre est désormais le mien, Alain est demeuré un des philosophes que j'aime le plus et les Pléiades restent mes livres préférés, les seuls de ma bibliothèque que je ne donne ni ne prête.

Comme ceux de sa génération de Québécois qui avaient fait des études, mon père avait tâté un peu de philosophie, version thomiste. Il avait donc appris les cinq voies de saint Thomas d'Aquin, par quoi celui-ci entendait prouver l'existence de Dieu.

Je faisais part à mon père de ma propension à penser que Dieu n'existe pas et, sentant sans doute qu'il lui faudrait argumenter avec moi pour me convaincre, il me répondait en développant une preuve thomiste de l'existence de Dieu. Je demandais alors à réfléchir et, pour m'y aider, j'allais lire Alain sur la question.

Notre échange ressemblait sans doute à ceci :

– Je pense avoir trouvé ce qui ne va pas avec l'argument cosmologique.

– Fort bien. Mais montre-moi d'abord que tu le comprends.

– Allons-y. On commence par constater l'existence du monde ; puis, on remarque que tout ce qui existe a une cause.

– Exact.

– Et ces causes sont antérieures à leurs effets.

– Bien entendu !

– Mais cette chaîne de relations de cause à effet ne peut remonter indéfiniment : il faut donc qu'existe une première cause, non causée, cause d'elle-même et qui ne soit pas elle-même un effet. Cette première cause est Dieu, qui existe donc.

– Ça me semble un résumé honnête. Et qu'as-tu à redire ?

– Beaucoup. En fait, ça ne va pas du tout. Pourquoi donc admettre que la chaîne de relations de cause à effet ne peut pas remonter indéfiniment ? Et puis l'idée d'une première cause non causée à laquelle le raisonnement conduit contredit les prémisses qui veulent que tout événement ait une cause, l'effet précédant la cause. Et je n'ai pas fini. Supposons que, par pure charité chrétienne, on accorde à Thomas d'Aquin son mauvais argument. Tout ce qu'il peut en conclure, c'est qu'il existe une première cause. Mais rien ne l'autorise à l'identifier à Dieu ou au dieu de sa religion – omnipotent, omniscient, omnibénévolent et ainsi de suite. Cette première cause pourrait être le Big Bang ou un démon, pourquoi pas ?

Il me semble qu'alors mon père souriait.

Ce devait bien être le cas puisqu'après tout, c'est sur son exemplaire de la Pléiade que je lisais Alain, où je trouvais mes arguments ! De plus, je pense bien qu'il en était, dès cette époque, déjà arrivé à ce déisme caractéristique de ce qu'on appelait autrefois la religion naturelle et auquel, sauf erreur de ma part, il adhérait à la fin de sa vie. Ce qui fait qu'au total, ce devait pour lui aussi être en extériorité qu'il avait avec moi cette conversation.

Quoi qu'il en soit, je soupçonne que c'est le cas de figure général et que ces prétendues « preuves » n'ont pas amené qui que ce soit à croire, pas plus que le rappel de leurs faiblesses n'a amené de croyants à changer d'idée. Tout au plus, si vous croyez d'avance en dieu, vous trouverez dans ces « preuves » de quoi conforter votre croyance et, si vous n'y croyez pas, de quoi conforter votre incroyance.

*

* *

Mais si, dans ma vie, j'en ai eu assez tôt fini avec l'idée de Dieu, la religion, j'en ai touché un mot, demeurait à mes yeux un phénomène mystérieux – et le reste encore, à certains égards. J'étais athée, la chose était entendue. Mais il me restait à me situer face à ce phénomène appelé religion et face à la croyance religieuse – d'autant que le bouddhisme, ou du moins certaines de ses interprétations, offrait l'exemple d'une religion sans dieu personnel.

Entreprendre cette réflexion me semblait d'une grande importance pour au moins deux raisons. La première est que certains de mes contemporains attachaient manifestement, ce qui est bien évidemment leur droit le plus strict, une très grande importance à leur religion : j'étais curieux de comprendre pourquoi. La deuxième est que se posait la question de la place qu'il revenait à accorder à ces croyances, dans le respect de ceux et celles qui y adhèrent, au sein de la vie collective, sociale et politique, mais aussi, sur un plan plus personnel, dans l'éducation des enfants que j'aurais certainement un jour.

Je récuse ici immédiatement une objection que l'on m'a souvent faite et que je considère irrecevable. En effet, aux yeux de certaines personnes, le simple fait que je sois, comme j'en ai fait l'aveu, étranger à l'idée de Dieu me rendrait incompétent à réfléchir aux questions que je soulève et exclurait d'emblée mes conclusions. Cette objection ne saurait tenir.

D'abord, et encore une fois, parce que tous les croyants étant incroyants de toutes les autres religions, ils ne peuvent saisir qu'en extériorité, comme moi-même, certaines de leurs pratiques et croyances et devront, eux aussi, de cette même perspective, penser la place qu'il convient de leur faire au sein de la vie collective ou dans leur vie personnelle.

De plus, l'athéisme et toutes les variétés de la non-croyance (agnosticisme, *Bright*, humanisme athée, anticléricalisme, par exemple) sont, sur l'objet religion, des positions avérées, issues elles aussi d'une riche tradition: elles sont légitimes et respectables et doivent être prises en compte. Les croyants qui voient dans certaines de leurs manifestations des blasphèmes doivent comprendre qu'aux yeux de bon nombre d'incroyants, dont moi, de manière symétriquement inverse, un grand nombre de manifestations de la religion sont, très précisément, des blasphèmes. À mes yeux, je ne le cache pas, églises, synagogues, temples, mosquées, prêtres, imams, rabbins, pasteurs, soutanes, prières, chapelets et mille autres choses encore sont, par bien des aspects, des blasphèmes contre ce qui occupe dans mon échelle de valeurs cet équivalent laïque du sacré[2] et contre certaines des valeurs que je chéris le plus: l'amour de l'humanité, la solidarité, la raison, le progrès. Ils avilissent l'être humain, le rapetissent, le rendent stupide, soumis, et contribuent à le transformer en ce mouton docile qu'on conduit à l'abattoir économique, politique, social. On l'aura deviné: je fais tout ce qui est en mon pouvoir pour ne jamais mettre les pieds dans une église, une mosquée, une synagogue ou quelque lieu semblable que ce soit.

*
* *

J'eus pour réfléchir sur ces deux questions une phase boulimique de lecture – j'avais à ce moment 19 ou 20 ans – durant laquelle je lus énormément d'ouvrages religieux ou sur la religion.

À ce propos, le mécréant que je suis doit avouer s'être souvent étonné de l'énormité de l'ignorance en matière religieuse qu'on découvre chez certains croyants. Voilà des gens qui disent avoir la foi,

2. On aura compris que je ne parle ici que métaphoriquement d'équivalents laïques du sacré ou du blasphème: au sens strict, et par définition, je ne tiens rien pour sacré ou blasphématoire.

qui assurent qu'elle est ce qu'il y a de plus important dans leur vie, mais qui ne donnent aucun indice de s'être intéressés de près au contenu de leur croyance, qui n'ont jamais véritablement lu la littérature où leur foi est exposée et défendue – à commencer par la Bible – et qui n'ont jamais cherché non plus à connaître les arguments de ceux qui ne croient pas en leur dieu, qu'il s'agisse d'incroyants ou d'adeptes d'autres religions. Toute ma vie j'ai rencontré, en grand nombre, de telles personnes et cela ne cesse de me renverser. Ce serait certes une exagération de dire que la plupart des croyants que j'ai rencontrés sont soit des ignorants de leur propre religion, soit des fanatiques, soit les deux à la fois, mais cette exagération ne serait pas si grande que cela.

*
* *

Lors de ces lectures, j'ai eu le grand bonheur de découvrir mon très cher Bertrand Russell (1872-1970), qui a été une rencontre capitale dans mon développement intellectuel.

Inspiré par lui, je me mis à distinguer différents sens du mot religion, par quoi on désigne en effet des réalités bien différentes.

La religion renvoie pour commencer à diverses croyances surnaturelles – la croyance en l'existence d'un ou de plusieurs être(s) surnaturel(s) pourvu(s) de propriétés transcendantes en fait le plus souvent partie.

Divers arguments sont avancés en faveur de ces croyances, qui sont organisées, codifiées, interprétées, typiquement par des personnes et des institutions autorisées ; les croyants sont tenus, à des degrés variables selon les cas, d'adhérer à ces croyances et de se conformer à diverses pratiques qui en découlent. On parle en ce sens de « religion catholique », de « religion musulmane » et ainsi de suite.

Je suis arrivé à la conclusion que ces croyances sont globalement fausses, que les systèmes construits pour les organiser et les justifier sont aussi peu crédibles que les propositions sur lesquelles ils portent et que tous les efforts consentis par l'humanité en ce sens représentent une formidable et tragique perte d'énergie intellectuelle.

À cette époque, j'avais lu (presque) tout Pascal et je me désolais souvent de tout ce que ce génie aurait pu donner à l'humanité si la religion catholique ne l'avait pas happé. De quels théorèmes mathématiques *Les Provinciales* ne nous ont-ils pas privés ? Et comment ne pas rager quand l'inventeur de la théorie des probabilités invente une si piètre martingale divine, un si mauvais pari pour justifier sa foi ? *Les paris stupides : Un certain Blaise Pascal,* dira plus tard, avec raison, Jacques Prévert...

*

* *

Par religion, je reconnaissais qu'on désigne aussi des institutions et des acteurs qui y tiennent rôles et fonctions. Ces institutions et ces personnes ont joué dans l'histoire des rôles sociaux, politiques et économiques, parfois de tout premier plan.

Mais je soutiens qu'ici encore, le bilan est globalement négatif et que les diverses religions, entendues en ce sens, ont été des entités plutôt nuisibles et néfastes dans l'histoire. Il n'est d'ailleurs pas surprenant qu'il en ait été ainsi. Le fait qu'elles incluent tant de croyances fausses ou délirantes auxquelles les fidèles adhèrent contre l'évidence le laissait présager, tout comme le fait que ces institutions encouragent chez les croyants la pleine soumission au dogme. Il y a une seule bonne raison de tenir une proposition pour vraie, à savoir que des faits peuvent être avancés en sa faveur ; il y en a une multitude de mauvaises. Parmi elles, la tradition, l'autorité et la révélation figurent en tête de liste. La religion les réunit toutes les trois.

Dans son récent *The God Delusion,* Richard Dawkins rapporte justement une intéressante expérience menée par un psychologue et qui souligne le côté profondément immoral des doctrines religieuses inculquées aux enfants et qui contribuent tant à alimenter les conflits et les guerres. Le psychologue George Tamarin a en effet présenté à plus d'un millier d'enfants israéliens âgés entre 8 et 14 ans l'histoire de la destruction de Jéricho telle qu'elle est contée dans le livre de Josué. On leur posa ensuite une seule question : « Pensez-vous que Josué et les Israélites ont agi correctement ou non ? » Trois réponses étaient proposées : A) J'approuve totalement ; B) J'approuve partiellement ; et C) Je désapprouve totalement. Soixante-six pour cent des enfants optèrent pour A, 26 % pour C et un maigre 8 % pour B. Les justifications données pour A étaient, unanimement, religieuses.

Tamarin fit ensuite une malicieuse expérience de contrôle, donnant à 168 enfants israéliens le même texte où il s'était contenté de remplacer Josué par « le général Lin », et Israël par « le royaume de Chine, il y a 300 ans ». Sept pour cent des enfants approuvèrent le comportement du général et 75 % le désapprouvèrent.

*

* *

De plus, les religions instituées ont eu cette terrible tendance à être du côté des possédants et des puissants et à contribuer de manière massive à l'oppression des plus faibles. On me permettra de m'appuyer pour cette dernière affirmation sur la parole d'un prêtre, le curé Meslier, qui, à sa mort, légua à ses ouailles et au monde un testament expliquant à quiconque voudrait l'entendre les rôles complémentaires que jouaient à son époque (c'était au XVIIIe siècle) les curés et les politiques dans l'asservissement de la population française. « L'humanité, assurait ce brave homme, ne sera heureuse que le jour où le dernier des tyrans aura été pendu avec les tripes du dernier prêtre. » Il s'en expliquait ainsi :

> La religion soutient le gouvernement politique, si méchant qu'il puisse être, et à son tour le gouvernement soutient la religion, si sotte et si vaine qu'elle puisse être. D'un côté, les prêtres, qui sont les ministres de la religion, recommandent sous peine de malédiction et de damnation éternelle d'obéir aux magistrats, aux princes et aux souverains comme étant établis de dieu pour gouverner les autres ; et les princes, de leur côté, font respecter les prêtres, leur font donner de bons appointements et de bons revenus et les maintiennent dans les fonctions vaines et abusives de leur faux ministère, contraignant le peuple de regarder comme saint et comme sacré tout ce qu'ils font et tout ce qu'ils ordonnent aux autres de croire ou de faire sous ce beau et spécieux prétexte de religion et de culte divin.
>
> Et voilà encore un coup comme les abus et comme les erreurs, les superstitions, les illusions et la tromperie se sont établis dans le monde et comme ils s'y maintiennent au grand malheur des pauvres peuples qui gémissent sous de si rudes et si pesants jougs[3].

Ce propos reste d'une brûlante actualité et de nos jours encore, les religions, à travers leurs acteurs et leurs institutions, défendent et promeuvent, aveuglément et obstinément, certaines positions

3. Jean Meslier, *Le testament de Jean Meslier*, préface de Rudolf Charles, Amsterdam, Librairie Étrangère, R.C. Meijer, 1864, p. 14-15.

qui, en plus d'être absurdes, sont dans le monde la cause directe ou indirecte d'un somme extraordinaire de souffrances. La position du Vatican sur le préservatif et la contraception est en ce moment même, notamment sur l'ensemble du continent africain, la cause d'un nombre de morts de proportion – oserais-je le dire ? – biblique. Sans rien dire de l'idée de ces vierges qui attendraient les martyrs, à en croire de savants imams qui encouragent de pauvres types au cerveau atrophié à se faire exploser en tuant le plus de gens possible...

En fait, les diverses religions se sont, de manière constante, opposées à un nombre effarant d'avancées scientifiques et de progrès de la raison, ainsi qu'à tout ce qui a pu en découler et qui rend sur Terre la vie meilleure et plus douce. Qu'il s'agisse de la théorie de l'évolution, de recherche utilisant les cellules souches, de l'astronomie scientifique, de la diffusion de certains médicaments, de la contraception, des transfusions sanguines, des antibiotiques, de l'anesthésie, des transplantations d'organes, des technologies de fécondation artificielle ou des analgésiques, vous trouverez une religion ou une autre qui s'est opposée à chacune de ces choses, voire qui s'y oppose encore. Et on allongerait sans mal la liste, auquel cas il faudra ajouter la musique, eh oui, la musique, le chant ou la danse, tous interdits en ce moment même par certaines interprétations de la charia.

Cette déplorable tendance à adopter des positions moralement délirantes et privées de toute forme d'empathie et d'humanité est récurrente dans les religions. La souffrance humaine semble ne compter pour rien dans l'adoption de nombre de ces positions, où l'irrationalité le dispute au manque d'amour. Sam Harris rapporte ainsi les propos d'un influent pasteur, Reginald Finger, qui affirme qu'il pourrait bien s'opposer à la diffusion d'un vaccin contre le sida puisqu'un tel vaccin encouragerait les rapports sexuels prématrimoniaux en les rendant moins risqués. Cet homme-là, qui envisage froidement la mort de millions d'êtres humains et la considère tolérable puisqu'elle minimise la probabilité de relations sexuelles qui lui déplaisent, cet homme-là n'est-il pas une sorte de monstre ou du moins quelqu'un qui habite un tout autre univers moral que le mien, que le vôtre ou que celui de toute personne normalement constituée et qui n'a pas été rendue folle par une consommation effrénée de Gériniol, vraisemblablement depuis son plus jeune âge ?

*

* *

Gériniol ? C'est que les religions sont en fait à mes yeux susceptibles d'être des phénomènes tellement nuisibles et dangereux que, depuis quelques années maintenant, suivant en cela le biologiste Richard Dawkins, il m'arrive de ne plus utiliser le mot « religion », mais de parler plutôt d'huile de Gérin ou de Gériniol (qui est une anagramme de religion), un produit toxique qui peut certes être plutôt inoffensif, mais qui peut aussi, dans certaines circonstances ou à hautes doses, être extrêmement toxique, voire mortel[4]. Je donne en ce sens raison à Michael Shermer quand il écrit : « La seule raison pour laquelle Staline et Hitler ont tué plus de personnes que l'Inquisition est que Torquemada n'avait ni chambres à gaz ni mitraillettes. »

*

* *

On l'aura deviné : mon athéisme, joint à l'idée très négative que je me fais de l'apport des religions à l'humanité, m'a conduit à accueillir plutôt favorablement diverses manifestations d'anticléricalisme. Je reconnais les limites d'un tel discours, je sais le péril qu'il présente de s'en prendre à des gens plutôt qu'à leurs croyances, ce qui est toujours une faute ; mais je pense aussi que devant des croyances qui ont été si influentes et si néfastes et qui, en s'imposant à des enfants, se sont propagées de manière aussi doctrinaire, tordue, brutale et malhonnête, il y a quelque chose de sain et de libérateur dans l'expression d'un certain anticléricalisme, surtout lorsque cela est fait avec humour. « Notre Père qui êtes aux Cieux, restez-y », cela me comble encore de bonheur ; « Jésus-Christ a une quéquette / Pas plus grosse qu'une allumette / Il s'en sert juste pour faire pipi / Vive la quéquette à Jésus Christ ! » me fait sourire, à

4. Je rappelle, même si je ne peux aborder ce sujet ici, que Richard Dawkins a par ailleurs, dans *The Selfish Gene* (1976), développé l'idée de *mème*, entendu comme un équivalent culturel des gènes, terme par lequel il désigne certains aspects de la culture qui sont « copiés » et « transmis » d'une personne à l'autre, voire d'une génération à l'autre. Ce concept joue lui aussi un rôle important dans son analyse des croyances religieuses et de leur persistance.

défaut d'être du meilleur goût; et je ne répugne absolument pas, de temps en temps, à bouffer indistinctement du curé, du rabbin, de l'imam, du pape ou du pasteur. Croyez-en ma vaste expérience: ils sont tout à fait comestibles.

*
* *

Je distinguais encore un troisième sens au mot religion et à ce que les gens désignaient par là, quelque chose qu'il m'a semblé reconnaître chez certaines personnes et dans certains écrits: il s'agit de divers sentiments éprouvés par exemple devant la beauté et l'immensité du monde, d'un ineffable « sentiment océanique de la vie ».

Ce sentiment ne m'est pas étranger, en certaines circonstances. Il correspond probablement à ce que décrivait Einstein: « Je ne crois pas en un dieu personnel: cela, je ne l'ai jamais nié et je l'ai au contraire clairement laissé savoir. S'il y a en moi quelque chose qui puisse être appelé religieux, c'est l'admiration sans limite que je ressens à contempler la structure du monde telle que la science peut nous la révéler. » Je tiens ce sentiment pour naturel, pour accessible à tous et en aucun cas pour l'indice de l'existence de quelque dieu et encore moins pour celui de la vérité de l'une ou l'autre des religions. Je suis capable de le ressentir, de le reconnaître et de l'apprécier. Ces jours-ci, j'ai justement fait paraître une traduction d'aphorismes de Rabindranath Tagore (1861-1941), un poète mystique bengali. Je pense pouvoir, comme n'importe qui d'autre, en apprécier la beauté, de la même manière que j'apprécie celle des écrits d'Homère et la poésie des dieux qu'il y met en scène, mais sans croire à leur existence.

Parvenu à ce point de ma réflexion – je devais alors avoir une vingtaine d'années –, je me suis tout naturellement intéressé (et je m'intéresse toujours) aux explications naturalistes de la prévalence des croyances religieuses. Sur ce plan, de passionnantes et très éclairantes percées ont été faites au cours des dernières années. Je voudrais en toucher un mot.

*
* *

Pour en comprendre le sens et la portée, il sera utile de les situer dans le prolongement de ces explications naturalistes de la religion qui sont mises de l'avant depuis longtemps déjà au sein de la tradition occidentale. Deux avenues convergentes ont tout particulièrement été explorées.

La première, qu'on pourrait appeler génétique, concerne l'explication de l'origine de la religion et des croyances religieuses.

Épicure, puis Lucrèce, on s'en souviendra, avaient ici ouvert la voie, en suggérant que les religions sont essentiellement « une maladie née de la peur ».

Avec sa fameuse Loi des trois états, Auguste Comte invitait pour sa part à considérer la religion comme un moment historiquement situé et désormais dépassé – d'abord par la métaphysique, puis par la science positive – de la compréhension du monde.

Marx et d'autres ont ensuite suggéré, en analysant sa fonction politique et idéologique, que la religion était à la fois une expression de la misère réelle et une protestation contre elle, un « soupir de la créature accablée par le malheur [et] l'âme d'un monde sans cœur » ; bref, et selon la célèbre formule, un « opium du peuple ».

Vint Freud, qui proposera que la religion est une forme de projection de l'image du père et de névrose infantile dont l'adulte et la société devront guérir pour devenir sains.

À ces hypothèses génétiques se sont ajoutées traditionnellement des analyses proposant cette fois des explications naturalistes de phénomènes religieux et présumés, sinon inexplicables, du moins ne recevant d'explication qu'en termes surnaturels.

Un travail en tous points exemplaire de ces démarches est celui qu'a accompli David Hume dans son examen critique de la notion de miracle. Ces miracles, explique Hume, sont par définition des « violations des lois de la nature ». Or, notre connaissance de celles-ci, faillible sans doute, repose sur une vaste expérience, tandis que le miracle, fondé sur un témoignage, souvent unique, invoque lui aussi une expérience pour établir sa véracité. Or l'expérience montre aussi, très amplement, la faillibilité des témoignages, surtout s'ils portent sur le religieux et le merveilleux et plus encore si, par eux, un témoin devient très intéressant aux yeux des autres. Hume conclura : « Aucun témoignage n'est suffisant pour établir un miracle à moins que le témoignage soit d'un genre tel que sa fausseté serait plus miraculeuse que le fait qu'il veut établir. »

*

* *

La pensée scientifique récente, tout particulièrement par des disciplines comme la psychologie cognitive, la biologie et la psychologie évolutionniste, prolonge ces deux avenues de réflexion et propose de nouvelles explications naturalistes de la religion.

Les nouvelles explications génétiques cherchent notamment à rendre compte, en termes évolutionnistes, de la naissance et de la persistance de la religion. Un exemple, emprunté à Richard Dawkins, permettra de saisir, sinon toute la substance, du moins la forme possible de ce type d'argument.

Un papillon de nuit qui, en apparence, s'immole sur une bougie suit, ce faisant, une règle de conduite qui lui a conféré un avantage évolutif en lui permettant de s'orienter la nuit sur des sources infiniment lointaines de lumière. Mais il le fait, avec la bougie, dans des conditions nouvelles (celle de la lumière artificielle, récemment apparue) qui rend cette règle mortelle pour lui.

De même, suggère Dawkins, les croyances religieuses pourraient être une défaillance, un malheureux sous-produit de la règle recommandant de croire aux aînés, règle qui s'est avérée si utile aux fragiles petits de l'espèce humaine (et leur a épargné de faire par eux-mêmes l'expérience qu'il ne faut pas toucher aux serpents).

Sur le plan de l'explication naturaliste des phénomènes présumés surnaturels liés à la religion, d'innombrables études ont été menées. En voici un exemple.

On a réalisé des études expérimentales sur la neurobiologie des expériences dites mystiques, qui ont permis d'établir les effets de la méditation et de la prière sur le lobe pariétal postéro-supérieur du cerveau, siège de la détermination par le sujet des limites de son corps. Or, les descriptions des expériences « mystiques » ressemblent à s'y méprendre à ce que rapportent les sujets atteints de lésions à ces régions.

Et ce n'est pas tout[5].

5. Merci à Massimo Pigliucci, philosophe et biologiste, à qui je dois les exemples qui suivent, que je reprends de son très riche blogue que je vous invite à visiter: <http://www.rationallyspeaking.org/>.

- L'augmentation de l'éthylène dans l'organisme permet de faire l'expérience de véritables moments mystiques et c'est justement ce que provoque la respiration pratiquée par les yogis ou encore... une faille géologique située à Delphes, en Grèce, précisément le lieu où vivaient et s'exprimaient de célèbres oracles !
- Des drogues comme la mescaline ou l'acide lysergique provoquent des hallucinations visuelles ou auditives que des cultures préscientifiques pourront aisément interpréter – et ont de fait interprétées – en un sens surnaturel.
- Des carences importantes en vitamines C et B, qui étaient communes au Moyen Âge, alors que les fruits frais étaient rares, peuvent provoquer des maladies qui causent des hallucinations.
- Le fait de se flageller fait produire aux plaies suppurantes des toxines hallucinogènes ; le fait de jeûner a le même effet sur l'organisme.
- Par la prière et la méditation, on atteint un état de privation de stimuli sensoriels qui semble produire diverses expériences mystiques ou religieuses, mais l'expérience montre que des cuves de privation sensorielle, dans lesquelles les sujets flottent dans l'eau, provoquent le même effet et de manière plus forte encore.

Ces percées de la connaissance et de nombreuses autres qui vont dans le même sens, seront accueillies avec bonheur par tous les incroyants, qui ne manqueront pas de se réjouir aussi du fait que la croyance religieuse, dans bien des pays occidentaux, est de nos jours en net déclin.

*
* *

Pourtant, en même temps, nous persistons collectivement, de diverses manières, à consentir aux religions dans l'espace public diverses formes de traitement préférentiel. Le nouveau programme d'Éthique et culture religieuse qui se met en place au Québec en constitue un exemple et j'ai à maintes reprises dit mon opposition à ce programme, qui constitue une manière de continuer à parler de religion dans une école qui clame, dès lors faussement, qu'elle est laïque ;

et je n'y reviendrai pas ici. Il n'en reste pas moins que, contre ce type de traitement préférentiel accordé à la religion et aux religions, les incroyants devraient se battre, visière baissée et en pleine lumière, sans gêne, sans honte et avec fermeté.

Entre d'innombrables autres, laissez-moi donner quelques exemples de combats à mener.

Il est, on le sait, aujourd'hui devenu inacceptable, aux yeux de plus en plus de gens, de faire inutilement subir de mauvais traitements aux animaux. Cette nouvelle sensibilité s'exprime de diverses manières et à des degrés variés, mais elle représente indiscutablement une tendance lourde de notre temps et cette tendance est un réel progrès moral. On en trouve des indices dans ce végétarisme éthique qui est de plus en plus pratiqué, dans la critique de la vivisection, dans le refus des combats de coqs et de la corrida, dans le projet visant à reconnaître des droits aux grands singes et dans mille autres exemples encore.

Mais vous pourrez, sans craindre la foudre de la critique, égorger des animaux et les laisser cruellement mourir au bout de leur sang si cela est fait pour un motif religieux. Votre cruauté s'appellera alors « boucherie hallal » (chez les musulmans) ou « chéhita » (chez les juifs) et sera dès lors tout à fait respectable.

En adoptant des pratiques aussi barbares, nos actuels croyants se conforment à une longue tradition religieuse qui considérait que les animaux avaient été créés pour l'usage et le bon plaisir des humains et que nous sommes si différents d'eux et eux de nous que nous n'avons pas à adopter envers les animaux les mêmes normes et manières de faire que nous adoptons envers les êtres humains. Voyez par exemple la Bible : « Dominez sur les poissons de la mer, sur les oiseaux du ciel, et sur tout animal qui se meut sur la terre. » (Genèse, I, 28) La nouvelle sensibilité à l'endroit des animaux, rendue possible notamment par Darwin et la pensée utilitariste, a supposé que l'on s'arrache de cette tradition ; les croyants auront bien du mal à le faire et à renoncer à leurs barbares pratiques. Mais cette fois encore, l'invocation de la religion permet d'obtenir un traitement préférentiel.

Voici un autre exemple, plus grave encore, de ce traitement préférentiel accordé aux religions. Imaginez une organisation, disons sportive, ayant commis de très nombreuses agressions sexuelles contre des enfants américains ; imaginez aussi que son chef actuel, qui réside à l'étranger, ait, durant des années, alors qu'il était dans la haute direction de l'organisation, travaillé à cacher ces agressions, ait tout mis en œuvre pour protéger les criminels et empêcher qu'ils soient poursuivis en justice. Un tel homme ne pourrait tout simplement pas se présenter de lui-même sur le territoire américain et, s'il y venait, ce serait au terme d'une extradition qui l'y conduirait pour subir son procès. Pourtant, le pape, cet homme qui a joué un rôle crucial dans l'étouffement de ces innombrables affaires de pédophilie qui ont affecté l'Église catholique américaine, vient récemment de quitter son Vatican pour faire un voyage aux États-Unis, où il a été reçu à bras ouverts. Il a même pu en ressortir sans être le moins du monde inquiété.

Un autre exemple ? Mutiler les organes sexuels d'un enfant est un crime dont la seule évocation provoque des haut-le-cœur. Mais si le motif invoqué est la religion, vous pourrez, même dans un hôpital où on devrait normalement soigner et protéger les bébés, et au seul motif que ses parents sont juifs, couper le prépuce de l'un d'entre eux.

Je donnerai un dernier et bouleversant exemple. Chaque année, de par le monde, de nombreux enfants malades et qu'on aurait pu guérir meurent parce que leurs parents, conformément à leurs croyances religieuses, refusent de les faire traiter par un médecin, préférant s'en remettre à des prières. Dans plusieurs de ces cas, une preuve étant établie, on pourrait traduire en justice ces parents sous diverses accusations graves, par exemple pour négligence criminelle ayant causé la mort.

On pourrait croire que cette déplorable situation ne se rencontre que dans des pays pauvres, du tiers-monde, où règnent une grande pauvreté et un fort taux d'illettrisme. Il n'en est rien. Aux États-Unis même, comme le rappelle un récent et terrifiant ouvrage[6], de très nombreux cas sont répertoriés chaque année. Or, et c'est là où je voulais en venir, dans 39 états américains sur 50, on a prévu des exemptions religieuses dans les cas de négligence ou de maltraitance d'enfants.

Prenez par exemple le Wisconsin : la section 948 des *Wisconsin Statutes,* consacrée aux crimes contre les enfants, prévoit une exemption à des accusations criminelles quand les auteurs de ces crimes sont des parents qui ont choisi de ne traiter que par la prière

6. Shawn Francis Peters, *When Prayer Fails : Faith Healing, Children, and the Law*, New York, Oxford University Press, 2007.

leur enfant malade[7]. Il ne viendrait à personne l'idée d'exempter qui que ce soit pour n'importe quelle autre raison – politique, idéologique, ou ce que vous voudrez – d'un pareil crime. Mais, cette fois encore, la religion a droit à un traitement préférentiel et on consent à faire une exception pour des criminels quand ces criminels sont des parents qui acceptent, sciemment, de prendre le risque de faire payer à leur enfant, au plus haut prix qui est celui de leur propre vie, leurs croyances religieuses à eux. On fait en somme une exception pour des parents qui sacrifient leur enfant innocent et qui n'a rien demandé sur l'autel de leurs croyances.

On peut présumer qu'au moins certains de ces criminels sont par ailleurs de bonnes personnes, voire des parents aimants. Devant cette éventualité, c'est le mot de Steven Weinberg (né en 1933) qui vient à l'esprit : « Avec ou sans la religion, des bonnes personnes feraient de bonnes actions et des mauvaises personnes feraient de mauvaises actions. Mais la religion est nécessaire pour faire accomplir de mauvaises actions à de bonnes personnes. » Et cette fois encore, on constate le danger qu'il y a à vivre sa vie conformément à des préceptes qui étaient préconisés il y a plus de deux millénaires, dans des communautés de gardiens de troupeaux illettrés.

*

* *

On entend parfois, de la part de certains intellectuels, des appels à la modération dans la critique des religions, ces appels étant typiquement accompagnés de l'idée que la victoire de la laïcité est désormais complète et que la religion est à présent si faible que ce serait s'acharner sans panache sur un cadavre que de continuer à la railler. Je récuse cette idée de toutes mes forces.

D'abord parce que d'innombrables formes de traitement préférentiel semblables à celles évoquées plus haut l'invalide.

Ensuite parce qu'il faut se souvenir de la puissance de l'ennemi qu'il a fallu combattre pour gagner, pouce à pouce, cette laïcité de l'espace public qui n'est pas encore entièrement complétée, loin de là, et pour faire reculer l'étouffante et parfois néfaste omniprésence

7. Rapporté par : K. W. Krause, « When Faith Kills : Christian Healing at the Expense of Rational Medecine », *Skeptical Inquirer*, vol. 32, n° 4, juillet/août 2008, p. 15. Il s'agit plus précisément de l'article 948.03(6).

de la religion dans nos vies individuelles et dans notre vie collective. Comment pourrait-on l'oublier et comment, se le rappelant, ne pas avoir la ferme résolution de ne plus jamais céder un pouce à la religion ?

Je suis convaincu qu'un très grand nombre de familles québécoises ont subi par la religion des torts immenses. Qui, au Québec, n'a pas, dans sa famille, d'histoire d'horreur mettant en cause un représentant de l'Église ? C'est ici un curé qui a insisté pour qu'on choisisse l'enfant plutôt que la mère. C'est là un autre qui a conseillé à un enfant venu se plaindre de mauvais traitements paternels de se taire et de « respecter son père ». C'est plus loin un jeune qu'on a manipulé et qui est devenu, contre son gré, curé ou frère. C'est encore plus loin un autre qui l'est devenu parce que c'était sa seule chance de poursuivre des études, et qui a ainsi raté sa vie. C'est encore là un prêtre pédophile que, par crainte des représailles, on tolérait dans la famille. Sans rien dire de toutes ces femmes devenues malades, trop tôt vieillies ou même mortes parce que « monsieur le curé » interdisait sous peine d'enfer « d'empêcher la famille ». Et sans rien dire non plus de ces immondes « prêcheurs » aux cheveux gominés et au discours débile qui sont à la tête d'Églises exemptes d'impôts et qui détroussent sans vergogne des vieilles dames naïves, fragiles, souvent malades, des économies de toute une vie en leur faisant croire mille sottises, les moindres n'étant pas qu'ils feraient des miracles ou qu'ils pratiqueraient des guérisons par imposition des mains. Je l'avoue : tout cela, très sincèrement, me donne la nausée, et je répète que je trouve extrêmement dangereuse l'illusion aujourd'hui trop répandue selon laquelle la religion, chez nous, serait désormais une chose bénigne.

Les grandes et puissantes religions qui existent en ce moment n'ont pas toujours été ; d'innombrables religions ont disparu. Celles qui subsistent présentent donc, par définition, des propriétés qui leur ont permis de survivre. Elles sont, pour cela même, d'une grande force et ne doivent en aucun cas être prises à la légère. Pour toutes ces raisons, je me méfie profondément de toutes ces formes de concordisme, notamment avec la science et la rationalité mises de l'avant ici et là : entre la science, la rationalité et la religion, il y a, pour reprendre sa belle expression à Jean Bricmont, un irréductible antagonisme que rien, et surtout pas cette illusion entretenue par certains que religion et science constitueraient des sphères de pensée distinctes et complémentaires, ne pourra résorber. Cela est capital et un homme comme moi, issu du siècle des Lumières, ne saurait l'oublier.

*
* *

Sur le plan de l'éducation tout particulièrement, notre traitement préférentiel des religions me paraît immensément malsain. Pratiquer une religion est certes un droit, et je ne ferai rien pour en limiter la portée, mais cette fois encore on consent à la religion des privilèges qu'on jugerait inacceptables s'il s'agissait de n'importe quel autre type d'opinions.

Imaginez, par exemple, qu'il y ait, au Québec, un réseau de polyvalentes conservatrices, un autre d'écoles libérales, un autre encore d'écoles péquistes, puis d'écoles communistes, et d'écoles anarchistes, et ainsi de suite. Seuls les enfants de parents de l'allégeance politique de l'école y seraient admis. Le curriculum et toute l'activité de l'école en seraient tout imprégnés.

C'est pourtant ce que nous faisons en tolérant des écoles religieuses réservées à des « petits musulmans » et à des « petits juifs », et ainsi de suite. Pauvres enfants. Pauvres innocentes victimes de la folie des hommes. Pauvres petits cerveaux dans lesquels on implante tant de folie, de stupidité, de haine et de bêtise. Pauvres petits humains, si tôt enveloppés de tant de ténèbres dont certains, hélas, ne s'extirperont jamais.

*
* *

Aujourd'hui, je me décrirais volontiers comme un mécréant humaniste. Et c'est ce dernier mot, par quoi j'entends, selon l'expression de Bertrand Russell, un idéal de vie guidé par la raison et inspiré par l'amour, qui est pour moi le plus important.

En ce sens, je diffère quelque peu d'avis avec certains athées ou incroyants contemporains. Certes, avec eux et comme eux, je milite pour certaines valeurs et idéaux que nous avons en commun. Mais je place mon humanisme par-dessus tout, et le fait est, je le reconnais, que j'ai connu des athées qui n'étaient pas humanistes, bien au contraire, et des humanistes sincères qui étaient croyants.

Et c'est pourquoi, comme je l'ai déjà écrit, je passerais finalement plus volontiers une soirée avec un jésuite qui se bat avec les pauvres d'Amérique latine qu'avec Nietzsche. L'antihumanisme du deuxième me répugne et quand bien même il serait un parangon de rationalité, ce que Nietzsche n'était absolument pas, je ne serais pas intéressé à sa conversation. Cela dit, je déplorerais le peu de place fait à la raison par le premier, mais j'applaudirais à l'amour qui l'anime, tout en déplorant que son manque de rationalité risque de le conduire à des gestes qui nuiront à l'atteinte de ses objectifs – quand il prônera par exemple le refus de la contraception.

Considérez à ce sujet le fait suivant, rapporté par Sam Harris: 44 % des Américains sont persuadés que Jésus reviendra d'ici cinquante ans pour juger les vivants et les morts; or, selon les interprétations courantes des prophéties bibliques, son retour sera précédé de nombreuses catastrophes et calamités. Il s'ensuit que pour un bon nombre de citoyens de l'État le plus puissant du monde, des désastres, des fléaux et des tragédies de toutes sortes qui nous semblent, parce qu'ils le sont indiscutablement, des événements terribles et déplorables, sont en fait, selon eux, de bonnes nouvelles et constituent le prélude au plus grand événement qui se puisse concevoir: le retour du Christ sur la terre. Cette observation n'est pas une simple vue de l'esprit puisque, comme on sait, bien des intégristes chrétiens ont été dans l'entourage du président George W. Bush.

*

* *

Les meilleures recherches disponibles aujourd'hui montrent qu'athéisme et incroyance tendent à être positivement et fortement corrélés avec le degré d'éducation des individus[8], avec des indices d'égalité entre les sexes, avec le degré de sécurité des sociétés, mais aussi avec de faibles taux de criminalité, d'homicide, de divorce, de pauvreté et de mortalité infantile.

Dans une riche méta-analyse de nombreuses études sur ce sujet, parue ces dernières années et publiée dans le *Journal of Religion*

8. Une étude de Larson et Whitham parue dans *Nature* en 1998 (vol. 394, nº 6691, p. 313) rapportait par exemple que 93 % des membres de la National Academy of Science, et donc des scientifiques les plus prestigieux, ne croyaient pas en Dieu ou doutaient de son existence.

and Society en 2005[9], on montre qu'on assiste, dans les démocraties développées, non seulement à « un déclin marqué de la religiosité au profit de la sécularisation », mais aussi qu'à « presque tous égards les démocraties fortement sécularisées connaissent de bas taux de dysfonctionnement social », ceci *a contrario* de la société américaine, qui est justement pro-religieuse – en même temps qu'anti-évolutionniste.

On évitera de tirer des conclusions définitives bien entendu ; et la question causale, très complexe, reste évidemment posée. Mais jusqu'à plus ample informé, entre l'hypothèse selon laquelle la religion cause des dysfonctionnements sociaux et celle selon laquelle la religion fleurit là où existent des dysfonctionnements sociaux, le moins que l'on puisse dire est que ces corrélations sont loin d'être encourageantes pour quiconque souhaite attribuer un rôle social positif et bénéfique à la religion.

« *Tantum religio potuit suadere malorum* », disait sagement Lucrèce, il y a déjà si longtemps...

De mon côté, j'attends le jour, même si je sais fort bien que je ne le verrai pas, où les religions auront disparu et seront remplacées par une morale humaniste par laquelle – à travers des valeurs comme l'intégrité, la solidarité, le courage, la bienveillance, la vérité et l'honnêteté – la raison et l'amour seront harmonieusement conjugués et satisferont pleinement notre besoin de ce qu'on pourra, pourquoi pas, appeler « spiritualité ».

Ni dieu ni maître
Mieux d'être
JACQUES PRÉVERT

9. Paul S. Gregory, « Cross-National Correlations of Quantifiable Societal Health with Popular Religiosity and Secularism in the Prosperous Democracies », *Journal of Religion and Society*, 7:1-17, 2005.

Louisette Dussault

Ma libération de l'emprise de la religion

Je suis née dans une famille catholique romaine de Thetford Mines, Québec. Mon père était l'aîné d'une famille de 17 enfants. On y était catholique et pratiquant. Comme il avait fait son cours classique à Sainte-Anne-de-la-Pocatière, il avait vécu dans un environnement très catholique et rigide jusqu'à la fin de ses études : c'est ce qui explique pourquoi il était assez strict.

Les arts étant très prisés dans sa famille, mon père avait fondé un petit orchestre avec sa mère, ses frères et sœurs. Ils jouaient un joli répertoire classique, des opérettes et cet ensemble familial tournait à travers la province et la Nouvelle-Angleterre, toujours au profit des œuvres des paroisses visitées.

Maman était orpheline : elle avait perdu sa mère musicienne à l'âge de quatre ans. Mon grand-père, devenu veuf, l'avait confiée à des religieuses françaises, très pauvres, nouvellement installées au Québec et résidant dans un couvent très mal chauffé. Ma mère, seule pensionnaire, devait suivre les messes et offices auxquels les nonnes assistaient.

Pour compenser cet environnement sévère, une nonne l'avait initiée à la musique. Mon grand-père l'a placée, à l'âge de six ans, au couvent des sœurs grises à Sainte-Marie de Beauce où, là encore, la musique lui a servi d'échappatoire. Elle y resta jusqu'à l'âge de 18 ans.

Par des amis communs et à travers la musique, mes parents s'étaient rencontrés, fréquentés, aimés et mariés. Il faut dire que mes deux parents étaient de très bons musiciens et tous deux se sont retrouvés organistes et chefs de chorale dans deux paroisses différentes de Thetford Mines. Je n'ai donc jamais été à l'église avec mes deux parents. Comment étaient leurs dévotions ? Je l'ignore. Je crois qu'ils étaient surtout heureux de prier à travers la musique, les chants liturgiques et la musique sacrée que mon père composait. Je n'ai jamais senti de bondieuseries de leur part.

Par contre, de mon côté, je devins très tôt dévote. Je croyais en Jésus, cet homme qui était mort pour nous, souffrant afin de nous libérer du péché originel et de tous nos péchés !!! Cependant, une part de terreur était entrée dans ma pratique : à l'âge de six ans, une sœur grise nous avait tous et toutes terrorisés en nous disant que l'enfer et le purgatoire étaient des lieux où nous brûlerions ; et d'en rajouter, nous parlant « du feu, du vrai feu du poêle, là ! que nous devrons endurer à jamais, puisqu'il ne nous consumera pas » ! Et de nous rappeler la devise de l'enfer : « Toujours – Jamais ». Très impressionnant pour une enfant de cet âge !

Plus tard, je suis attirée par les rites religieux : les messes, les vêpres, la musique d'orgue, les chants religieux, la lumière, les couleurs des ornements sacerdotaux, et puis l'église elle-même – il faut dire que l'église Saint-Alphonse est une des plus grandes et belles églises du Québec. Romantique à souhait, je me suis mise à croire intensément, sentant mon cœur battre à la pensée de la présence de Jésus, ici, dans ce lieu magnifique, et partout et toujours.

J'étais plutôt scrupuleuse, m'accusant de peccadilles. À 11 ans, j'avais pris l'habitude d'aller à la messe durant le carême, me trouvant moi-même pour cela bonne et généreuse. Me lever tôt, préparer le petit-déjeuner de mon frère et de ma sœur, me retrouver seule dehors tôt le matin, tout cela me plaisait. Après Pâques, je continuais de me rendre à l'église tous les matins jusqu'à la fin des classes en juin. Je sentais une grande joie à l'intérieur.

À 13 ans, on me plaça pensionnaire au couvent Mont Notre-Dame, à Sherbrooke, sous la gouverne des dames de la Congrégation, afin d'y faire des études classiques. Et j'ai eu le bonheur de tomber sur quelques religieuses évoluées, intelligentes, dont l'une, extraordinaire musicienne, fut très importante pour toute ma famille. Elles n'avaient pas toute cette ouverture, mais, en somme, je peux dire que j'ai vécu auprès de ces sœurs des expériences intellectuelles et artistiques stimulantes.

À travers la Légion de Marie, je donne libre cours à mes sentiments de générosité. Je me souviens d'avoir visité des familles dans le besoin, leur parlant de la joie, de la charité et de Dieu. Faire la vaisselle ou le lavage les aurait aidées davantage!!! Au moins, mon énergie et mon arrogance me permirent de forcer un médecin, qui l'avait promis mais ne tenait pas parole, à opérer gratuitement un enfant handicapé. J'étais bien fière de moi.

À cette époque, je me rends compte à quel point ma pratique de la religion est en partie liée à la musique religieuse. J'étudie le chant classique et suis amenée à chanter très souvent en concert, en récital et surtout à l'église. Entendre ma propre voix résonner dans une église, me donnait l'impression que mon « âme se soulevait », comme on disait.

À Sherbrooke, en plus de mes cours de chant, je fais la rencontre de Lucie de Vienne Blanc, chanteuse et comédienne d'origine belge, très connue au Québec pour son rôle dans la télésérie *La pension Velder*. Elle enseigne les arts oratoires et la diction au couvent. Cette artiste reconnaît en moi un talent de comédienne et m'invite, après mes études, à venir étudier à Montréal à son atelier de théâtre appelé « Le Proscenium ». Je suis emballée.

Incertaine de mon orientation et aussi par peur du refus de mon père à me voir prendre la voie des arts, je reporte toutefois mon départ pour Montréal. Je fais donc mon Immatriculation senior (13e année spéciale) à Sherbrooke. C'est cette année-là, en février 1958, que papa meurt, emporté par un cancer.

Durant la brève maladie de mon père que j'adore, désespérée, je développe une pratique religieuse quelque peu démesurée : je récite tous les soirs mon chapelet les bras en croix, suppliant Dieu de prendre ma vie en échange de la sienne. Informé, mon confesseur me sermonne sévèrement, me disant que je n'ai pas à donner d'ordre à Dieu ! Qu'humblement je dois accepter sa volonté. Durant la retraite fermée de fin d'année, une sœur me dit : « Si vous n'entrez pas en religion, vous, c'est que vous manquez de générosité ! » Ce jugement me bouleverse, me cause un véritable tourment ; je suis trois jours et trois nuits en larmes pour finir par me dire que mon angoisse est un signe : je n'ai pas la vocation !

La mort de papa change bien des choses. Il laisse très peu d'argent. Maman doit pouvoir se débrouiller toute seule avec trois jeunes toujours aux études. J'arrive ainsi à Montréal à 18 ans et j'entre au Proscenium de Mme de Vienne. J'y étudie le chant et le théâtre en même temps que je travaille dans une compagnie de levure et, par la suite, à l'hôpital Notre-Dame, pour payer mes études. Il devient de plus en plus clair que mon attirance pour les arts l'emporte sur le reste.

Mes convictions religieuses fondent en même temps que s'estompe ma pratique : je ne vais plus guère à la messe, je travaille sept jours par semaine et toute ma passion se tourne vers les arts. À l'atelier du Proscenium, je fais la rencontre d'un homme dont je tombe follement amoureuse ! Je suis toujours aussi passionnée, et il est pour moi « l'homme de ma vie ». Bien sûr, je connais avec lui le grand Amour ! Mais il est marié ! Cependant nous sommes incapables de nous quitter, et cette histoire me fait connaître une passion dévorante dont je souffre énormément. Ma relation amoureuse ne pouvant se vivre au grand jour, je focalise toute ma passion vers d'autres horizons, le théâtre, la musique et... d'autres hommes !!! Je vis alors un déchirement épouvantable, installant en moi la culpabilité et une étrange séparation entre l'amour et la sexualité.

Nous sommes à cette époque au milieu d'une grande révolution sexuelle. C'est surtout sur ce plan, celui de l'éthique sexuelle, du péché, de la culpabilité, que restent présents en moi les derniers éléments de mon éducation religieuse. Je ne sais pas si ma foi véritable en Dieu est disparue... mais elle ne me manque pas.

De 1964 à 1966, j'ai l'occasion de participer à deux tournées avec la troupe Les Jeunes Comédiens, de par tout le Canada. À compter de cette date, je pense pouvoir affirmer que la religion, la foi et même cette culpabilité liée à la sexualité sont entièrement derrière moi ; comme est déjà bien loin l'époque où j'allais me confesser de mes péchés de chair et où je n'arrivais pas à répondre que j'avais le « ferme propos » de ne pas recommencer. Je m'étais bien menti à moi-même une fois ou deux, puis ce matin-là, je réponds honnêtement au prêtre que je ne peux pas l'affirmer. Il me refuse l'absolution !!! Ce moment, plus que tout autre, représente la fin de ma pratique religieuse.

Je n'accepte pas le fait, très malsain, que la vie amoureuse et sexuelle soit considérée comme un péché, qu'on ne peut l'envisager qu'en termes d'interdits et de culpabilité. L'Église n'accepte pas les nouvelles valeurs qui s'installent et ne suit pas l'évolution de la société. Ce prêtre ne comprend pas la pulsion incroyable de la sexualité. Quand je regarde d'un coup d'œil l'ensemble de ces années, il me semble en fin de compte que mon parcours, par lequel la jeune fille intensément croyante et qui prie avec ferveur devient une jeune femme détachée de tout cela, s'est finalement fait en douceur, sans trop de heurts, et rapidement.

Après ces deux tournées canadiennes, qui connaissent un grand succès, quelques amis et moi fondons une compagnie de théâtre qui en est à ses premiers balbutiements. C'est à ce moment que je passe une audition, que j'obtiens le rôle-titre de *La souris verte* et que, dans un sens, je rentre au couvent !!! L'émission va durer de 1966 à 1971 et elle sera rediffusée en reprises jusqu'à l'automne 1976. Cette émission, diffusée cinq jours par semaine, était très exigeante ; pour quinze minutes, on travaille de 9 h à 18 h 30 tous les jours, ce qui était la manière de faire de l'époque. On soignait le produit !!!

Ma vie personnelle a donc été mise en veilleuse. Aujourd'hui encore, on m'identifie à ce rôle. Cela tient au fait que pour beaucoup de jeunes, l'émission a été leur premier contact avec cet univers nouveau de la télévision et surtout, je crois, à la tendresse que je tentais de leur donner tous les jours avec mon « Dix moutons... »

Cette expérience, je serais presque tenté d'en parler en termes de transcendance. Il me semble que ce que je ressentais alors, c'était une espèce de ferveur, sans doute précisément celle de se donner, mais pas du tout semblable à la ferveur religieuse connue. J'étais extrêmement exigeante avec moi-même. Tout cela reste malaisé à expliquer, mais cette idée d'élévation de l'âme (un mot qu'on n'emploie plus !) en traduit quelque chose. Je le ressentais à l'époque de ma ferveur religieuse, mais le théâtre et la musique m'en offraient un équivalent séculier et me prouvaient qu'il était possible de ressentir ce sentiment sans la foi. L'enthousiasme et la passion que je mettais dans mon métier de comédienne me donnaient l'impression de me dépasser. Je pense que c'est cette émotion que vivent ceux qui ressentent la ferveur religieuse.

Au début des années 1970, je suis toujours à la télévision mais je me donne davantage à la création théâtrale avec Michel Tremblay, André Brassard, Jean-Claude Germain, et je milite alors pour la souveraineté du Québec. Je suis à ce moment très attachée à René Lévesque, dont Denise Boucher pourra dire qu'avec *Point de mire*, il nous expliquait le monde, il nous rendait intelligent.

Durant cette phase militante, je flirte un très bref moment avec les marxistes-léninistes. Un soir, mon compagnon et moi, enceinte de mes jumelles, allons à une réunion à laquelle assistent plus de 200 personnes. Un haut gradé se tient là, devant nous, et prend la parole, qu'il n'a manifestement pas l'intention de partager, et ce, en anglais et sur un ton très professoral, dogmatique. « C'est la lutte finale... » Mon compagnon l'interrompt pour suggérer qu'on se mette en cercle pour mieux échanger. La proposition est bien mal reçue et nous quittons vite la place. Je venais d'échapper à une autre religion !

À Cowansville, j'initie un groupe de femmes et ce militantisme féministe sera important. Il émane des retombées de ce que je joue au théâtre à cette époque, et surtout dans deux pièces particulières. La première est *La nef des sorcières*, un collectif mis en scène par Luce Guilbeault, présenté en mars 1976 au Théâtre du Nouveau Monde. Le monologue que j'interprète traite de la prostitution et du rapport des femmes avec l'argent. Je réalise à quel point je suis culpabilisée et que mon corps, rendu méprisable, ne m'appartient pas. La religion avait créé en moi, comme chez presque toutes les femmes, une peur intense de tout geste d'affirmation. Lorsqu'on se choisit, une angoisse énorme naît. Dans ces groupes, à cette époque, on explore notre rapport à notre corps, notre sexualité ainsi que le rapport à l'Autre, sous-entendu : l'Homme !

En 1978, je crée *Les fées ont soif*, la pièce de Denise Boucher qui fit scandale. Je jouais la femme à l'intérieur de la statue de la Sainte Vierge, celle qui dénonçait tout haut ce qui nous avait été inculqué à travers la religion et, surtout, la parole des Pères de l'Église. Le scandale causé par la pièce a été énorme et tous ceux qui étaient au Québec à cette époque se souviennent des manifestations, des procès initiés par les Jeunes Canadiens pour une Civilisation chrétienne. Un débat sur la censure avait duré six mois avant le spectacle. Je louerai toujours la fermeté de Jean-Louis Roux, au Théâtre du Nouveau Monde, dans la défense de ses choix.

Les fées ont soif remettait en question le seul modèle de femme hérité de la religion catholique, celui de la « mère vierge », et les deux seuls stéréotypes possibles à partir d'elle, selon qu'on s'y conforme ou non : celle qui s'y conforme devenant névrosée, celle qui ne s'y conforme pas devenant une putain. Le thème était dans l'air du temps, il correspondait à un moment où les femmes revendiquaient leur place.

J'ai reçu des menaces de mort durant les représentations de la pièce. Mais je ne m'en souciais pas : je jouais un rôle que j'endossais entièrement. Il y a en fait une seule réplique que je n'ai pas voulu dire : « Au nom de la queue, du père et du fils. » Je trouvais cette réplique inutilement vulgaire et provocante ! Je crois que Denise Boucher m'en veut toujours !

Après cette pièce, j'ai eu envie de revenir sur le féminisme, sur certaines approches radicales qui m'agaçaient et aussi sur certaines réalités qui y étaient tues, comme par exemple la situation des mères monoparentales, qui était désormais plus ou moins la mienne. C'est ici qu'arrivera *Moman* (1979). Ce spectacle a été pour moi une libération et par lui j'ai été reconnue aussi comme auteure.

Ce sont des années où je travaille beaucoup, assumant d'immenses responsabilités familiales. Je traverse cette période douloureusement et avec le sentiment, qui provient très certainement de mon éducation religieuse, d'expier quelque chose. À tout cela se mêlent aussi de la culpabilité, de l'angoisse dont j'ai dit qu'elle succède typiquement chez les femmes à tout geste d'affirmation.

L'échec de mon couple, ma façon de vivre, la culpabilité, un premier avortement thérapeutique puis un deuxième, coincée que je suis dans mes choix, ma peur de *manquer à mon rôle* face à mes filles, mon mal d'amour ! Au secours !!! Mon ami Guy Corneau me fait lire Carl G. Jung et, surtout, me conseille de voir un psychanalyste, Frans Manouvrier. Cet homme m'a permis de voir rapidement en moi, de cerner et de départager la culpabilité due à mes antécédents religieux et celle due à la dynamique particulière de ma famille ; j'avais un tel besoin de « dire » qu'au bout de neuf mois je créais et produisais toute seule mon spectacle *Moman*.

Ce spectacle m'a menée partout dans le monde francophone européen et ma carrière m'a permis de m'ouvrir à toutes les idées nouvelles. Et c'est ainsi que je vis, dans l'amour de mon métier, tentant de me perfectionner, de profiter des belles choses de la vie terrestre !

Récemment a eu lieu le centenaire de mon église et les organisateurs me demandaient une prestation avec le chœur classique de Thetford. Je me suis permis de raconter à la foule que c'était là où, pour la toute première fois, j'ai ressenti ce besoin de dépassement et d'élévation à travers la musique. Et spontanément, je me suis mise à chanter, histoire d'entendre ma voix à nouveau dans cette immense église. La foule m'a suivie et entonnée avec moi : « Le Seigneur est mon berger... » !

À la messe solennelle qui suivait – avec tout son décorum de diacre et sous-diacre – j'ai compris que s'il y a une sorte d'équivalent laïque du sentiment religieux dans le théâtre, il y a aussi un équivalent du théâtre dans la religion, avec ce faste, ce cérémonial, ces costumes, ces rôles tenus par tous ces personnages. Mais au théâtre, nous savons que nous jouons. On imagine sans mal l'effet que tout cela, joint à la puissance de la musique émanant d'un orgue et d'un chœur, pouvait autrefois avoir sur les gens.

À travers mes interrogations et mes lectures – Jung, cultures indiennes yakis, haïda, anthropologie, Castaneda, philosophes de toute tendance –, j'en suis venue à aimer la vie et l'instant présent. J'ai découvert l'importance de se recréer des rites. La religion catholique en offrait un certain nombre, venant marquer de manière solennelle certains passages de la vie, heureux ou malheureux. Ces rituels ont disparu et n'ont pas, je le déplore, réellement été remplacés.

Si je peux me fier à ce que j'observe autour de moi, les jeunes générations semblent chercher à se redonner des rites séculiers de mariage, de naissance et ainsi de suite; mais ma génération, après avoir rompu avec ceux dans lesquels nous avions été élevés, s'est retrouvée devant un grand vide que plusieurs, avec le temps, vont chercher à combler. J'avoue avoir une certaine nostalgie, non des rites religieux, mais du rituel en général.

Malgré ma non-fréquentation des sacrements, il m'est arrivé, lors de cérémonies, d'aller communier avec la foule: je sentais le besoin de me joindre à une communauté. Je dois dire qu'il me reste des relents de culpabilité, un besoin de me donner, de m'astreindre à de bonnes œuvres, bien souvent en allant au-devant des causes.

Aujourd'hui, je me décrirais assez volontiers comme agnostique, mais comme une agnostique qui pense qu'il existe en chacun un besoin d'absolu. Il m'arrive encore, prise dans une situation de panique, de crier: « Mon Dieu, aidez-moi ! » Mais devant cet automatisme je me reprends et je m'écrie: « La Vie, aide-moi !!! » J'ignore à quoi le besoin de religion correspond – et il s'agit peut-être d'un simple produit de l'évolution – mais je sais que notre existence exige une foi en nous-mêmes qu'il est crucial de préserver.

La mort est pour moi un passage de la vie, après lequel il n'y a rien et que j'espère franchir en étant fière de ce que j'aurai accompli ici. Mais je peux encore entrer dans une église pour apprécier le calme d'un lieu où des milliers de gens ont, depuis tant d'années, cherché à s'élever. J'y trouve une paix, une beauté, un silence que, solidaire de cette quête du sens à la vie, j'apprécie.

Daniel Baril

Si Dieu existait, ça se saurait

Ma véritable sortie de placard ne sera pas de révéler mon athéisme, mais mon long passé de croyant. Plusieurs seront en effet surpris d'apprendre que le « papicule du Mouvement laïque[1] » est arrivé à l'athéisme sur le tard après avoir erré du côté de l'ésotérisme et des religions orientales.

Les croyants ne pourront certes pas me reprocher de ne pas avoir pris le temps d'examiner leur position. J'ai expérimenté l'« approche directe du divin » de façon plus approfondie que la plupart d'entre eux et, là où certains disent avoir « vu Dieu », je suis revenu convaincu qu'il n'y avait rien là! J'ai d'abord pensé comme eux, mais cette mystique à endormir les enfants ne résiste pas à l'analyse rationnelle la plus élémentaire ni aux connaissances scientifiques actuelles sur le fonctionnement du cerveau et le développement de la conscience.

Je suis devenu progressivement athée au fil d'une réflexion qui aura duré une quinzaine d'années et qui s'est amorcée autour de l'âge de 15 ans. J'ai abandonné le catholicisme au début de l'adolescence, abandonné l'identité chrétienne dans la vingtaine et cessé d'être déiste et dualiste dans la trentaine.

J'ai en fait attendu d'avoir les réponses ou d'avoir accepté les absences de réponses avant de constater que j'étais ce que les croyants nomment un athée. Même si, à 56 ans, la certitude est acquise,

1. Sobriquet que m'a donné un lecteur de *La Presse* alors que j'étais président du Mouvement laïque québécois.

la réflexion n'est jamais terminée puisque j'essaie toujours de comprendre pourquoi l'être humain se crée du surnaturel.

De ma dernière confession à ma dernière méditation

J'ai cessé d'être pratiquant le jour où je me suis confessé d'avoir fait du *necking*. J'avais dit au curé :

« Mon père, je m'accuse d'avoir fait des mauvais touchers.

– Étais-tu tout seul ?, me demanda-t-il.

– Non.

– Avec d'autres gars...

– Non... »

Le curé n'a pas compris tout de suite de quoi il s'agissait et il a pris un moment avant de dire : « Ah ! Avec des filles !!! » J'en ai pris pour deux dizaines de chapelet et deux chemins de croix que je n'ai pas faits. Je me suis senti tellement ridicule d'avoir conté ça à un prêtre – surtout que j'avais la ferme intention de recommencer – que j'ai tout abandonné à partir de ce jour. C'était en 1965 et j'avais 13 ans. Le déclin de l'Église catholique était déjà suffisamment avancé pour que son message soit devenu totalement insignifiant au préado que j'étais.

Je continuais d'aller à la messe du dimanche pour ne pas déplaire à mes parents, mais dès l'âge de 15 ans nous nous regroupions, mes copains et moi, au fond de l'église pour nous conter nos frasques et nos beuveries de la veille.

Même si j'avais abandonné la pratique religieuse, je n'étais pas devenu incroyant pour autant. Des lectures sur de faux mystères ont suscité une curiosité à l'égard d'aspects méconnus de l'histoire et de la vie, alors que des expériences « océaniques » provoquées par les hallucinogènes ont éveillé un sentiment mystique ; ces éléments combinés m'ont conduit aux religions orientales et à l'ésotérisme.

J'ai cru découvrir, dans des livres pseudo-savants de cosmogonie, des vérités que seuls les initiés connaissaient et qui comblaient le vide laissé par les dogmes catholiques tombés en désuétude. Les religions orientales, soutenues par les enseignements d'initiés, paraissaient également fournir des réponses plus sensées à mes questionnements que n'avait pu le faire le christianisme. Même chose avec le paranormal qui apportait les « preuves » de l'existence d'un au-delà. J'étais convaincu de détenir des connaissances sur les secrets de la vie et de l'univers que les autres autour de moi ne possédaient pas.

Selon les ésotéristes, il suffisait de suivre leurs enseignements pour pouvoir accéder soi-même à la révélation. Je me suis mis à fréquenter tous les groupes qui affichaient une quelconque allure mystique, en plus de m'adonner à différentes formes de méditation et de yoga afin d'accéder à la vérité pure. Je croyais non seulement à l'astrologie et à la réincarnation, mais aussi à la clairvoyance, à la télépathie, à la lévitation, au voyage astral, aux miracles, au karma, à la kundalini, aux anges et à tout le reste.

Pendant cette période, je ne disais pas que je croyais en Dieu, mais que je « savais » que Dieu existe. C'était une certitude à la fois intellectuelle, émotive et tirée de l'expérience. Intellectuelle parce que j'y trouvais une réponse satisfaisante à un questionnement rationnel; émotive parce que l'inexistence de Dieu et de l'au-delà aurait signifié que la vie n'avait pas de sens, une perspective alors insoutenable à mes yeux; tirée de l'expérience puisque le bien-être ressenti en état de « fusion » produit par les diverses techniques de méditation ou de projection astrale, de même que les états altérés provoqués par le *pot* et le LSD étaient interprétés comme le contact avec l'au-delà.

Heureusement que je n'avais pas abdiqué tout sens critique. À fréquenter des écoles diverses, j'ai bien fini par comprendre que quelque chose n'allait pas: les cosmogonies et descriptions de l'au-delà présentées par des ésotéristes tels le rosicrucien Max Heindel (pseudonyme de Carl Louis von Grasshoff), le mouvement Eckankar, Lobsang Rampa (pseudonyme de Cyril Henry Hoskin), le *Livre d'Urantia* (écrit par William Sadler sous des dizaines de pseudonymes, comme Chef du Corps des Personnalités Superuniverselles ou encore Manovandet Melchizédek), René Guénon, Rudolf Steiner, Gurdjieff (Georges Ivanovitch Gurdjieff), ou par la mystique hindoue d'Aurobindo, la mystique juive de la Kabbale, la mystique musulmane d'Ibn Arabî, la mystique chamaniste de Castaneda, différaient toutes entre elles.

Certains enseignent, par exemple, qu'il peut se passer deux cents ans avant qu'une âme ne se réincarne, alors que, selon d'autres, quelques minutes à peine séparent deux réincarnations. Comment ces initiés, ayant accédé à la Connaissance par contact direct avec des sources surnaturelles, pouvaient-ils différer à ce point sur la présentation de la Vérité?

La première vraie lumière s'est allumée lorsque j'ai constaté que les livres d'astrologie de Heindel, écrits au début du XXe siècle, ne faisaient mention que de sept planètes (incluant la Terre) et affirmaient que Neptune ne faisait pas partie du système solaire. Comment les entités célestes qui, selon Heindel, lui avaient enseigné les vérités de la cosmogonie pouvaient-elles ignorer le nombre exact d'astres gravitant autour du Soleil ?

Cette anecdote est très révélatrice. Les ésotéristes et les mystiques n'ont jamais enseigné quoi que ce soit d'utile pour l'espèce humaine ni même quoi que ce soit de plausible qui aurait été par la suite confirmé par la science. Ils sont toujours en retard par rapport à ce que dit la science, alors qu'ils devraient la devancer. Aucun mystique ou pseudo-initié n'a contribué à soulager quelque souffrance que ce soit. Pourquoi n'ont-ils pas révélé la formule de l'aspirine ou d'un médicament contre le cancer ? Pourquoi ne nous disent-ils pas comment améliorer l'agriculture ou combattre la malnutrition ? Pourquoi ne nous révèlent-ils pas où se cachent les fossiles qui permettraient de combler les vides du registre de l'évolution ? Pourquoi n'ont-ils jamais parlé des trous noirs au centre des galaxies ? Pourquoi Raël (pseudonyme de Claude Vorilhon) n'a-t-il pas livré le secret du clonage ?

Aucun d'entre eux n'aurait été capable d'inventer le bouton à quatre trous. Tout ce que ces illuminés ont été en mesure de produire, ce sont des cosmogonies astrales. Quiconque a un peu d'imagination et connaît les religions orientales peut en produire à volonté. Le dernier venu dans le domaine est Ron Hubbard, l'auteur de science-fiction qui a créé l'Église de scientologie avec sa dianétique, une pseudoscience qui puise à la fois dans l'hindouisme et les notions psychanalytiques tout en inventant des mots bidon (« thétans opérationnels ») ou en dénaturant des concepts scientifiques (tel que engramme) pour faire croire qu'il s'agit d'une science.

Dans mon *trip* mystique, j'ai aussi été initié à la méditation transcendantale de Maharishi Mahesh Yogi (pseudonyme de Mahesh Prasad Varma). Selon la « science de l'intelligence créatrice » enseignée par Maharishi, tout adepte de la méditation transcendantale devait atteindre la conscience cosmique après sept ans de méditation. Dans ce niveau de conscience, nous devenons omniscients et omnipotents ; nous pouvons voir l'avenir, lire dans les pensées, faire de la télépathie et surtout faire de la lévitation. En guise de preuve, Maharishi présentait des méditants assis en lotus sur un matelas gonflé et qui sautillaient en se propulsant avec leurs genoux. J'ai entendu un physicien, membre du Parti de la loi naturelle (fondé par l'empire financier de Maharishi), affirmer qu'à un certain stade de pureté, le méditant parvenait à se maintenir au-dessus du matelas. Mais la démonstration n'a jamais eu lieu.

Autour de moi, plusieurs personnes approchaient de l'échéance cosmique des sept ans de méditation, mais aucune d'entre elles ne faisait preuve d'un meilleur équilibre psychosocial ni même d'un état de sérénité enviable[2]. Aucune d'entre elles ne semblait en voie de marcher ne serait-ce que quelques millimètres au-dessus du plancher, ni même sur l'eau. Et je ne connaissais personne qui voyait mon aura. De la même façon que les ésotéristes n'avaient rien à nous apprendre, la méditation ne menait à rien, sinon à un état de relaxation ou de sommeil profond.

Quant aux guérisons miraculeuses, pourquoi étaient-elles toujours liées au système immunitaire ou au système moteur ? Pourquoi Dieu ou les entités surnaturelles ne faisaient-ils pas repousser des membres amputés ? Voilà qui auraient été des miracles incontestables. Mais de telles choses n'arrivaient jamais.

Ce type de questionnement a fini par avoir raison de ces croyances naïves. Jusque-là, j'étais quand même demeuré vaguement chrétien, puisque les ésotéristes considèrent Jésus comme l'un des plus grands initiés. Le coup fatal à mon identité chrétienne est venu lorsque j'ai été happé par le mouvement marxiste-léniniste. Le concept de lutte de classes et l'action semi-clandestine des groupes M-L étaient en contradiction avec le fondement du christianisme qui commande de pardonner à ses ennemis, de tendre la joue droite si on te frappe sur la joue gauche et de prier pour ceux qui te persécutent. Je ne pouvais pas pardonner à mes ennemis de classe et en même temps les combattre. Et je n'ai jamais eu envie de tendre la joue la droite si on me frappait la gauche. Je ne pouvais plus me considérer comme chrétien, d'autant que j'avais fini par comprendre que les morts ne ressuscitent pas et qu'il faut un géniteur pour qu'une femme tombe enceinte.

Apostasie et pensée critique

Au début des années 1980, alors que j'étais président du Mouvement laïque québécois, un groupe du nom de Comité pour l'abjura-

2. Pour avoir une idée de l'écart existant entre le discours des « illuminés » et leur conduite, il faut lire *Le livre noir des gourous ; la vie secrète des maîtres spirituels*, un collectif dirigé par Marc-André St-Jean, Montréal, Les infidèles, 2008.

tion de la religion catholique romaine s'était formé et invitait les ex-catholiques à apostasier. Ce que j'ai fait sans aucune réserve, l'apostasie m'apparaissant alors, et m'apparaissant toujours, comme un geste politique, puisque l'Église catholique continue de considérer comme catholiques tous ceux qui ont reçu son baptême. L'Assemblée des évêques prétendait donc parler en mon nom lorsqu'elle réclamait le maintien de la confessionnalité scolaire, ce que je ne pouvais accepter.

Plusieurs incroyants estiment que l'apostasie conduit à accorder de l'importance à une chose qui n'en a pas, mais je pense qu'il en est du baptême comme de l'appartenance à un parti politique : lorsqu'un parti ne représente plus ses convictions, on ne renouvelle pas son adhésion et il n'est pas rare de voir d'ex-membres retourner leur carte en signe de protestation. C'est la même chose pour l'appartenance à une Église qui prétend vous avoir comme membre pour l'éternité. On peut aussi comparer le baptême à un contrat signé par d'autres en notre nom et dont la durée serait illimitée ; on ne se défait d'un tel contrat que par un acte formel d'annulation.

Après cet abandon formel du christianisme, je m'identifiais comme libre penseur et j'étais plus près de l'agnosticisme que de l'athéisme. Mon rôle au sein du MLQ m'obligeait d'ailleurs à une certaine réserve dans l'affirmation de mes convictions, puisque le MLQ n'est pas une association athée. Le contact avec les Sceptiques du Québec a achevé le décapage de quelques restants de croyances vaguement paranormales qui ne subsistaient que par ignorance de l'approche scientifique et des connaissances actuelles sur les phénomènes dits paranormaux. Ce n'est que lorsque le MLQ s'est défini comme une organisation humaniste que je me suis formellement identifié à l'athéisme, orientation que je pouvais alors défendre sans aucun embarras.

Avec le recul, je m'étonne d'avoir été aussi crédule dans ma vie antérieure. C'est sans doute à mettre sur le compte du jeune âge et d'un manque de formation scientifique que je n'ai acquise qu'avec ma seconde carrière en journalisme universitaire.

Mais les jeunes qui sortent des cégeps aujourd'hui ne m'apparaissent pas mieux équipés que je ne l'étais en 1970 pour faire face aux leurres des religions et des pseudosciences. L'ésotérisme n'est plus à la mode, mais la pensée magique est tout aussi vivante, comme le montrent les ventes faramineuses du *Code da Vinci* et du *Secret*. Le système d'éducation échoue lamentablement dans sa mission de former la pensée critique et de livrer les rudiments de la démarche scientifique. Étant donné notre inclinaison spontanée à percevoir intuitivement la réalité de façon métaphysique, les croyances au paranormal et au surnaturel nécessitent une déconstruction active de type zététique[3]. L'école devrait rendre obligatoire des livres comme *Le paranormal* d'Henri Broch, le *Petit cours d'autodéfense intellectuelle* de Normand Baillargeon, *Mystère sans magie* de Cyrille Barrette ou la revue *Québec sceptique*.

La question du sens et de l'absurde

Il est relativement facile de se défaire des dogmes religieux folkloriques de même que d'une vision théiste fondée sur un Dieu interventionniste. C'est en fait à ce premier niveau de croyance que s'arrêtent habituellement les critiques athées, notamment celle de Michel Onfray dans son *Traité d'athéologie*. Il est par contre plus ardu d'arriver à se passer d'une vision déiste de la vie. La plupart des croyants considèrent même qu'une vie sans la perspective d'un au-delà où nous serons enfin libres, égaux et heureux pour l'éternité, ou condamnés à la torture éternelle, est une vie dépourvue de sens. Combien de fois n'ai-je pas entendu dire qu'un athée n'a plus qu'à se suicider ? À quoi bon endurer une vie de misère s'il n'y a rien après ?

Pourtant, c'est le croyant qui devrait souhaiter en finir au plus vite avec la vie afin de rejoindre son Dieu et les autres entités surnaturelles. Il ne se suicide pas parce que toutes les religions enseignent que le suicide conduit à l'enfer (ou à une réincarnation misérable, en ver de terre par exemple), sauf si le suicide est fait pour la gloire de Dieu comme chez les kamikazes. Le croyant endure la vie parce qu'il craint son Dieu et non parce qu'il aime la vie. C'est la perspective de perdre ce point de référence, cette béquille ultime, qui amène le croyant à penser que la vie serait absurde sans son Dieu.

Si l'athéisme ne conduit pas au suicide, c'est tout simplement parce qu'étant en vie et bien portant, l'athée n'a aucune raison d'y mettre fin. Il ne se suicide pas parce qu'il est doté de l'instinct de survie comme tout le monde, parce qu'il a des enfants, parce qu'il aime, parce qu'il est socialement engagé, parce qu'il se sait utile,

3. La zététique est ce que nous appelons aujourd'hui la méthode analytique. Le terme a été repopularisé par Henri Broch pour désigner le développement de l'intelligence critique et du scepticisme.

parce qu'il a des défis, parce que la vie a ses bons côtés. Bien sûr, des croyants apprécient aussi les plaisirs de la vie. Mais comme ces plaisirs doivent leur sembler dérisoires en regard des béatitudes éternelles !

Vu ainsi, l'humanisme athée est éthiquement supérieur à la morale des croyants. D'ailleurs, les valeurs éthiques les plus hautes auxquelles adhèrent les croyants n'ont rien à voir avec leur religion ; ce sont toujours des valeurs en soi humanistes – comme l'altruisme, l'empathie, le pardon et le respect – qui ont pour but d'assurer la cohésion sociale chez le primate humain. C'est ce que le christianisme appelle l'amour du prochain et que les évolutionnistes appellent des habiletés adaptatives assurant la cohésion du groupe. Comme les croyants ont acquis leurs valeurs morales à l'intérieur d'un cadre religieux, ils croient que ces valeurs ne sont assurées que par les religions. En réalité, ces valeurs préexistent à l'acquisition d'une religion et c'est pourquoi elles sont universelles et toujours conditionnées, dans leur application, par le groupe social d'appartenance.

La religion ne fait que moduler ces comportements sociaux : selon les circonstances, elle en condamne certains et en glorifie d'autres. C'est ainsi que les religions exacerbent l'abnégation (essentielle pour assurer la survie de nos descendants) jusqu'à glorifier le martyr. C'est parce que nous sommes gouvernés par des croyants que nous avons des lois absurdes qui nous interdisent d'abréger les souffrances de fin de vie et que l'acharnement thérapeutique passe pour de l'humanisme. Seuls des croyants comme Mère Teresa (pseudonyme d'Agnes Gonxha Bojaxhiu) peuvent glorifier la souffrance afin d'espérer avoir une meilleure place au ciel, tout en méprisant la seule vraie vie.

La perspective du ciel et de l'enfer éternels, que ce soit au terme d'une seule vie ou de milliers de réincarnations, est en fait beaucoup plus absurde que l'acceptation réaliste de la mort. Pour le croyant, une vie de quelques années sur Terre détermine la suite des choses pour l'éternité. S'il se comporte bien, il ira au ciel. S'il commet le mal – ce qui va de la masturbation jusqu'aux crimes les plus horribles –, ce sera pour lui l'enfer éternel. Quelle serait l'intelligence d'un Dieu qui aurait créé une telle réalité ? Voilà où est la vraie absurdité.

Et à quoi bon les milliards d'années d'évolution ? Pourquoi la souffrance, tant humaine qu'animale ? Pourquoi cette règle aussi cruelle qu'inévitable qui fait que toute espèce vivante vit aux dépens d'une autre ? Où est l'intelligence divine dans la chasse que livre une bande de loups à un jeune chevreuil pour le dépecer vivant ? Pourquoi l'*Aphidius ervi*, cette guêpe qui pond ses œufs dans les pucerons que les larves dévorent de l'intérieur ? Pourquoi les tremblements de terre, les tornades et les raz-de-marée qui visent toujours des innocents, comme si Dieu était incapable de discernement ?

Dans *L'esprit de l'athéisme. Introduction à une spiritualité sans Dieu*, André Comte-Sponville nous livre ce succulent passage d'Épicure :

> Ou bien Dieu veut éliminer le mal et ne le peut ; ou il le peut et ne le veut ; ou il ne le veut ni ne le peut ; ou il le veut et le peut. S'il le veut et ne le peut, il est impuissant, ce qui ne convient pas à Dieu ; s'il le peut et ne le veut, il est méchant, ce qui est étranger à Dieu. S'il ne le peut ni ne le veut, il est à la fois impuissant et méchant, il n'est donc pas Dieu. S'il le veut et le peut, ce qui convient seul à Dieu, d'où vient donc le mal, ou pourquoi Dieu ne le supprime-t-il pas ?

À ce questionnement, le croyant n'a que des réponses absurdes : « Les desseins de Dieu sont insondables », ou encore : « Dieu éprouve ceux qu'il aime ». Mieux vaut se passer d'un tel amour. Dieu, disait Isaac Asimov, est une réponse monosyllabique forgée par les croyants pour éviter de dire « je ne sais pas ». Si Dieu existait, ça se saurait.

Une fois acceptée, l'idée de mourir sans envisager de survie n'a rien d'affolant ni de déprimant ; l'athée craint la mort et la souffrance comme tout être normalement constitué, mais il est serein face à l'idée que tout se termine à ce moment. Même les croyants sont contraints d'accepter le fait qu'ils sont abandonnés par leurs proches décédés ; leur seule consolation est de penser que cette séparation n'est que temporaire, mais cela ne semble pas atténuer la douleur bien réelle d'une cruelle séparation sans retour.

C'est uniquement sur ce plan que l'athéisme peut être plus lourd à porter que la croyance en la survie. Si je crois que mes êtres chers sont encore vivants dans un monde invisible, je peux continuer d'être en contact avec eux et leur demander de l'aide. Mon intellect de mammifère social n'en est que plus satisfait. Pour être athée, il faut être capable de surmonter le sentiment de culpabilité que l'on peut ressentir dans le fait d'avoir abandonné nos proches décédés. Abandonner ses parents qui n'attendent qu'une simple pensée de notre part est vécu comme de l'ingratitude. Abandonner ses enfants est encore plus déchirant. Garder le cap sur une vision rationnelle en pareilles circonstances où notre système émotif génère une croyance réconfortante demande un effort constant, et c'est en partie pourquoi il est plus facile d'être croyant que d'être athée. Il m'est déjà arrivé d'envier la naïveté des croyants, mais je ne pourrai jamais plus être des leurs.

Néanmoins, le plus grand drame de la croyance en Dieu n'est pas la naïveté qu'elle exprime. Le drame des croyants, c'est que leur créateur les a carrément laissés tomber. Dieu ne daigne même pas répondre à leurs prières ni à leurs supplications, ce qui est vraiment un acte de cruauté mentale sans égal de sa part. C'est un père indigne qui a abandonné ses enfants sans raison.

Certains croyants n'ont aucune difficulté à rejeter cette image d'un dieu-interventionniste-qui-n'intervient-pas et s'en remettent à l'idée d'une cause première. À la question « croyez-vous en Dieu ? », il faudrait donc toujours répondre comme le faisait Einstein : « Dites-moi d'abord ce que vous entendez par Dieu. » Mais quelle que soit la réponse, Dieu revêt toujours des caractéristiques anthropomorphiques. Personne ne croit, au sens religieux du terme, en un algorithme de physique quantique ou en un état pré-big bang de la matière. Si c'est là le contenu de la croyance en la cause première, tous les athées conviendront qu'ils sont croyants. Mais ce n'est pas à de tels aspects de la réalité qu'adhère celui qui croit en la « Cause première » : il croit en une volonté ou en une intention et cela est le propre d'un être anthropomorphique et non une loi de la physique.

Un tel dieu-cause-première est encore plus impuissant que le dieu-interventionniste-qui-n'intervient-pas puisqu'il ne pourrait pas intervenir même s'il le voulait. Ce Dieu n'a eu qu'un bref instant de lucidité, a créé l'univers, puis est disparu comme il était apparu. *Good bye*, Charlie Brown !

Pourquoi je ne suis pas agnostique

Le fardeau d'expliquer ce que pourrait être Dieu revient à ceux qui imaginent son existence. Ce n'est qu'à partir de ce qu'ils postulent que l'on peut se dire croyant ou non. Depuis que j'ai liquidé l'aspect émotif de cette croyance au surnaturel, je n'ai pu adhérer à rien de ce qu'ont apporté les croyants en réponse à la question d'Einstein.

Comme je ne vois aucune raison d'accepter ce qu'ils ont à offrir, je me considère donc athée.

Pour certains athées, l'agnosticisme est la seule position scientifiquement défendable. Leur raisonnement est le suivant : tel que les croyants le définissent, Dieu se situe en dehors du monde matériel et ne peut pas faire l'objet d'une connaissance. On ne peut donc rien savoir sur son existence ou son inexistence. Dans cette perspective, l'athée est quelqu'un qui « croit » à l'inexistence de Dieu, alors que la position de croyance n'est pas soutenable scientifiquement ; ils sont donc rationnellement agnostiques.

Mais cette position concède à l'hypothèse Dieu une certaine plausibilité ; l'agnosticisme accorde à l'hypothèse hautement improbable de l'existence de Dieu le même poids que la presque-certitude de son inexistence et admet la possibilité que Dieu puisse exister en dehors de l'idée qu'en ont les croyants. Non seulement rien ne vient étayer cette existence, mais nous savons comment la croyance au surnaturel germe dans l'esprit humain et comment l'idée de Dieu a évolué historiquement. Il existe en effet tout un courant en anthropologie et en psychologie évolutive qui analyse la religion comme un produit naturel des habiletés cognitives biosociales de l'être humain.

À la lumière de ces travaux (sur lesquels je reviendrai dans la prochaine section), nous pouvons rationnellement soutenir non seulement que Dieu est un non-sens philosophique, mais qu'il est un pur produit de notre cerveau social. En ce sens, je ne peux qu'être athée ; cet athéisme ne résulte pas d'une croyance en la non-existence de ce que les croyants appellent Dieu, mais repose sur la connaissance de la genèse et de l'évolution de cette production par notre cerveau anthropomorphiste. Je ne peux être agnostique face à cette production, pas plus que je ne pourrais être agnostique face à l'idée que nous sommes les acteurs du rêve de Vishnu ou que l'univers repose sur le dos d'une tortue.

On a déjà reproché à cette position de ne pas faire de différence entre Dieu et l'idée de Dieu. En effet, c'est une distinction que je ne peux pas faire, pas plus que je ne peux faire de différence entre l'Œuf cosmique et l'idée de l'Œuf cosmique. Les croyants ne font d'ailleurs pas de distinction entre Dieu et l'idée de Dieu, qui ne font qu'un. Cette unicité est à la base de l'argument ontologique de la preuve de l'existence de Dieu qui déduit son existence à partir de son concept.

D'autres athées disent par ailleurs « croire en l'humain ». Je n'ai jamais compris ce que cela voulait dire. Si l'expression signifie que l'être humain est le seul responsable de ses actes, ce n'est pas une croyance, mais une évidence. Si elle signifie que l'être humain est capable de devenir autre chose que ce qu'il est présentement, c'est une croyance qui ne repose pas sur une vision matérialiste de la vie et qui nous ramène à la pensée idéaliste quasi religieuse.

L'irrépressible anthropomorphisme

Les critiques marxiste et freudienne de la religion sont justes, mais ne portent que sur la fonction sociale ou psychologique que remplit la religion. On aurait tort de confondre cette fonction avec l'origine de la religion puisque la fonction ne crée pas l'organe. Si l'être humain trouve que les conceptions surnaturelles de la vie ont du sens, c'est qu'il est prédisposé à voir les choses de cette façon.

Ce qu'il faut expliquer pour comprendre la persistance de la religion, quelles que soient les conditions sociales, c'est donc la disposition du primate humain à se créer du surnaturel. C'est sur cette disposition que prennent racine les différentes expressions culturelles que l'on appelle religions. Ce courant d'interprétation évolutionniste est représenté entre autres par le philosophe Daniel Dennett, l'anthropologue Pascal Boyer et le biologiste Richard Dawkins. J'ai apporté ma modeste contribution avec mon essai *La grande illusion. Comment la sélection naturelle a créé l'idée de Dieu* (Québec, Multimondes, 2006), issu de travaux de maîtrise en anthropologie biologique et où je place quelques pièces de la mosaïque de l'anthropomorphisme.

Lorsqu'on recherche les facteurs adaptatifs qui sous-tendent les principales composantes de la religion (appartenance à un groupe, morale sociale, pratique de rituels, croyance au surnaturel), on constate que chacune d'entre elles trouve une fonction sociale en dehors de la religion. Nous percevons et interprétons le monde à l'aide de ces outils intellectuels adaptés à la vie en groupe, et c'est ce prisme déformant qui nous conduit à voir du social, donc des êtres semblables à nous, là où il n'y en a pas.

Cela conduit à considérer la religion et le religieux comme un épiphénomène de nos dispositions cognitives retenues par la sélection naturelle pour leur adaptation aux interrelations dans un groupe. Cette interprétation est étayée par les différences observées entre les hommes et les femmes dans le domaine du religieux et qui s'expriment exactement comme le prévoit la sélection sexuelle qui gère elle aussi les rapports sociaux[4].

L'existence de fonctions biologiques prédisposant à la croyance aux esprits et à l'au-delà explique la persistance de la religion à travers toutes les époques et toutes les cultures, ce que les approches sociologiques et psychologiques traditionnelles ne parviennent pas à faire. La principale conclusion qui s'en dégage est qu'il ne faut pas espérer voir la religion disparaître, que ce soit de sa belle mort ou par mort provoquée. Chassez le naturel – ou le surnaturel – et il reviendra au galop, comme on l'a vu en Russie et en Chine.

Comme la religion n'est pas la source de l'éthique, elle n'est pas non plus la source du comportement rituel. Cet élément va de pair avec la pensée symbolique et on aurait tort de se priver de l'enrichissement de la vie qu'apportent certains grands rituels saisonniers ou liés à des étapes importantes comme une naissance, le passage à l'adolescence, un mariage, un décès. Les athées n'ont aucune fausse honte à ressentir, si l'envie leur vient de participer aux festivités collectives du carnaval du 25 décembre.

Mais admettre la pérennité de la religion et du surnaturel ne signifie aucunement qu'il faille baisser les bras et accepter béatement les prétentions, dogmes, faussetés, erreurs, mensonges et injustices des religions. Ces aberrations doivent recevoir la critique qui leur est due et au besoin être combattues. Accepter la persistance du religieux ne fait que rendre plus évidentes l'importance de cultiver le rationalisme et la nécessité d'être à l'affût des nouveaux visages que prendra l'anthropomorphisme à la source des croyances au surnaturel et au paranormal. Cette vigilance raisonnée est le meilleur gage de protection contre le désenchantement et le défaitisme que risque d'entraîner une analyse mal fondée. Bien comprise, la perspective évolutionniste facilite notre détachement de l'emprise du religieux en fournissant une explication plausible et rationnelle de sa persistance.

Finalement, l'analyse évolutionniste nous montre qu'il ne faut pas s'en faire si, sur le plan individuel, le surnaturel cherche à se faire entendre lorsque nous essayons de comprendre la vie et de lui donner du sens. Il faut tout simplement y voir un effet de l'« irrépressible anthropomorphisme » qui se pointe le nez, qui nous fait

4. Daniel Baril, « Sélection sexuelle et différences intersexes dans la religiosité », mémoire de maîtrise, Université de Montréal, 2006.

interpréter le monde à notre image et à notre ressemblance, et qui a pour conséquence de rendre la vie plus facile à la plupart des humains qui choisissent d'être croyants plutôt qu'athées. Savoir identifier cette tendance et expliquer ses causes permet de mieux gérer la tension pouvant s'installer entre la raison et le réconfort émotif de croire que quelqu'un veille sur nous ou que notre conscience survivra à l'organisme qui en est la source.

Autres références

Baillargeon, Normand, *Petit cours d'autodéfense intellectuelle*, Montréal, LUX, 2005.

Barrette, Cyrille, *Mystère sans magie. Science, doute et vérité : notre seul espoir pour l'avenir*, Québec, Multimondes, 2006.

Boyer, Pascal, *Et l'homme créa les dieux. Comment expliquer la religion*, Paris, Robert Laffont, 2001.

Brock, Henri, *Le paranormal. Ses documents, ses hommes, ses méthodes*, Paris, Seuil, 1989.

Dawkins, Richard, *The God Delusion*, Boston (MA) Houghton Mifflin, 2006.

Dennett, Daniel, *Breaking the Spell. Religion as a Natural Phenomenon*, New York (NY), Viking Press, 2006.

Onfray, Michel, *Traité d'athéologie*, Paris, Grasset, 2005.

Martin Petit

Dieu est incroyable

Je suis athée de naissance. Un des rares bambins de la promotion 68 à ne pas avoir été baptisé selon la coutume catholique. Mes parents, dissidents catholiques et originaux, m'ont fait le cadeau de la vraie liberté spirituelle, celle de choisir. Comprenant que, contrairement au piano, la beauté des religions est que l'on peut commencer à tout âge, et qu'il est donc inutile d'empêcher les enfants de jouer au hockey le dimanche matin pour ça.

Mes parents n'ont pas été dogmatiques au point de me priver d'étudier dans des collèges privés de confession catholique. J'ai donc été, comme les Amérindiens, exposé à la vérité, à la lumière, à la Bonne Parole et à la voie de Dieu. Cela m'a permis de passer d'athéiste de naissance à athéiste volontaire. Car si j'ai une belle âme, je n'ai pas une âme facile pour autant, prête à se donner à la première religion venue.

Ainsi, c'est avec bonheur que j'ai refusé d'adhérer à la mythologie judéo-islamo-chrétienne d'Abraham, de Noé, des dix commandements, de Jésus et du Coran. J'accepte ce mystère de la vie, ce mystère qui fait que la magie du Christ ressuscité ne me pénètre pas, car il est grand le mystère de mon athéisme. Grand, car je ne suis pas contre tout ce que produit la religion catholique. Je dois avouer que je suis un admirateur des pères trappistes belges qui brassent de divines bières.

Apprendre le pardon

L'excitation athéiste, que procure cette grande liberté d'éthique personnelle à constituer, pose aussi plusieurs défis. Un de ces défis est le miracle du pardon. La vie apparaît si courte quand on s'amuse qu'il faut excuser les religions de tenter de l'allonger artificiellement en lui retirant beaucoup de son plaisir. Je crois que le défi actuel de l'athéisme est là, de pardonner aux religions tout le mal qu'elles ont fait et continuent de faire. Je suis de ceux, comme Jésus, qui persistent à croire « qu'ils ne savent pas ce qu'ils font ». Il faut apprendre à pardonner à Moïse et à Mahomet d'avoir manqué de foi en la capacité de l'homme à évoluer harmonieusement par lui-même. Mais le plus dur, c'est de pardonner à Dieu de ne pas nous avoir donné des ailes, pour que nous puissions aller en Floride gratuitement.

L'humour comme remède

On y revient toujours, l'humour, l'humour, l'humour. Cette présence, si nécessaire et si rare, devient ce qui nous protège des grandes dérives. L'humour, ce grand remède qui dilue les illusions les plus solides. L'humour, ce grand égalisateur, l'humour cruel du grand singe de culture que nous sommes. Y a-t-il une honte originelle à être cousin des singes ? Pas quand on sait qu'ils peuvent être entraînés à conduire une voiture avec leurs pieds.

Dieu n'est pas un cadeau

On veut le meilleur pour nos enfants, c'est pourquoi l'athéisme, l'humour et une éducation riche en culture sont les cadeaux que j'offre à mon fils. J'ai bon espoir qu'avec de l'amour et du soleil, poussera un autre grand singe, gentil, beau, bienveillant, et poilu, comme moi. Surtout, le plus important, j'ai bon espoir.

ISABELLE MARÉCHAL

Crois ou crève !

D'aussi loin que je me souvienne, je crois bien que je n'ai jamais cru… Ni en Dieu, ni aux anges, ni en quelque autre représentation de foi religieuse. Je n'ai jamais cru, mais croyez bien que ce n'est pas faute d'avoir essayé. Car croire, c'est faire partie du plus grand nombre. C'est refuser la solitude. Croire, c'est se rallier à un même courant d'idées, et ne plus avoir à penser. C'est du mâché d'avance, du prêt à emporter. Ça ne fait pas de mal quand cela reste au niveau croyant non pratiquant et cela rassure : « Tout d'un coup que… »

Croire, c'est vivre avec des certitudes imposées certes, mais qui soulagent, qui consolent et aident à vivre. Ceux qui portent le mal d'être comme une croix, ceux qui doutent, ceux qui souffrent, tous ceux-là sont convaincus qu'ils n'ont pas d'autre issue que de croire en Dieu. Croire, c'est aussi se dire qu'au bout du compte, quelqu'un ou quelque chose viendra nous sauver quand plus rien ne nous rattache au monde, quand on se sent abandonné. J'ai effectivement côtoyé des malades incurables qui au dernier moment de leur vie se sont tournés vers Dieu. Cette foi-là, momentanée, attrapée sur le tard est la preuve même que l'humain a besoin de savoir que quelqu'un l'attend de l'autre côté. La mort reste notre grand tabou, et la foi transcende la peur. J'ai été profondément troublée par la foi incorruptible de l'ex-otage Ingrid Betancourt qui a d'abord remercié Dieu en s'agenouillant pieusement à sa descente d'avion, après des années de captivité dans des conditions inhumaines, privée de tout et surtout de ses enfants. Peut-être qu'effectivement, dans ces moments-là, seul Dieu existe. Peut-être que c'est la bouée de sauvetage ultime avant de lâcher prise. C'est « Crois ou crève » !

Car croire, c'est prendre une assurance contre cette échéance qui nous fait si peur, cet ultime rendez-vous avec l'inconnu, cette seule certitude de la vie qui nous attend tous, celle de notre propre mort. Oui, je crois bien que j'aurais voulu croire moi aussi que Dieu puisse être un jour mon sauveur. Peut-être qu'en bout de route, malade ou désœuvrée, je ferai moi aussi un pas vers la lumière divine, peut-être changerai-je d'opinion et deviendrai-je croyante. Qui sait ? Nul ne peut prédire le repli. Mais pour l'instant, mes quelques tentatives d'approche sont restées vaines. La foi chrétienne ne m'a jamais collé à la peau, car j'ai toujours eu envers la religion le regard du spectateur devant un spectacle de magie : je cherche le truc qui nous dupe, je cherche le fil, la carte cachée et la cage du lapin. Pourtant, je suis bon public et rien ne me touche autant qu'un requiem dans une basilique. Mais je reste observatrice. Je ne m'incline pas devant la croix, je ne me signe pas à l'entrée de la chapelle, mais je respecte le décorum. Je respecte et j'apprécie le recueillement que procurent ces lieux particuliers. Comment vous expliquer ? Je suis spectatrice de la croyance des autres. Leur foi ne me gêne pas si elle reste un pan intime de leur vie, auquel ils se consacrent dans la quiétude de leur foyer. Comment se fait-il que chez moi les mots foi, religion, croyance ne résonnent pas ? Je n'ai pas assez souffert, dites-vous ? Chacun possède son lot de souffrances, petites et grandes, chacun le vit comme il peut, et personne ne peut dire si l'une est pire que l'autre. Je n'ai jamais eu à donner de preuves de vie à la planète comme Ingrid Betancourt, c'est vrai, mais vous non plus, et vous, si je ne m'abuse, vous croyez en Dieu. Donc, vous voyez que cela tient à autre chose que la simple souffrance, ou que le désir profond d'être sauvé.

Personnellement, je crois que cela tient à mon éducation. En fait, j'en suis convaincue, l'éducation coule le béton sur lequel s'érige la foi. L'éducation au sens très large et qui, malheureusement, dans bon nombre de pays moins ouverts que le nôtre, passe forcément par l'endoctrinement. Je suis fortement opposée à cette idée. Que l'école serve de prétexte à endoctriner de jeunes esprits plutôt qu'à leur enseigner les bases solides d'une culture générale me paraît une aberration. Et, permettez-moi, non, la religion ne fait pas partie de ces bases. De la même façon, je trouve complètement ridicule d'enseigner sous une fausse enseigne d'Éthique et culture religieuse, comme nous le faisons désormais dans nos écoles, les fondements et principes des grandes religions fondamentalistes qui ont entre autres à leur actif des siècles d'intolérance. Pourquoi ne pas laisser aux parents le devoir d'éclairer leurs enfants sur ces croyances auxquelles il serait supposément nécessaire d'adhérer ?

De mon enfance française, par exemple, je retiens l'écho des clochers d'églises gothiques dans la campagne et l'ombre de ce Dieu invisible pour lequel les hommes avaient voulu bâtir de si grandioses cathédrales. Mon éducation religieuse se bornait au catéchisme qu'on m'a enseigné à la petite école et dont j'ai surtout retenu l'ennui de ne rien faire pendant qu'on nous défilait l'histoire abracadabrante de cet homme qui marchait sur les eaux, qui changeait l'eau en vin et qui, par-dessus le marché, ressuscitait de la croix. Je prenais plus plaisir à écouter les histoires que ma mère me racontait sur la JOC, la Jeunesse ouvrière catholique, un mouvement qui lui avait permis d'apprendre et de voyager aux côtés d'autres jeunes et qui l'avait beaucoup marquée lorsqu'elle était adolescente. Elle me parlait aussi très souvent et avec beaucoup d'affection d'une religieuse, mère Marie de la Trinité, qui avait joué un rôle déterminant dans sa vie. De cette relation et de son implication dans la JOC lui était resté le respect de la foi catholique, et bien que ma mère ne soit pas elle-même très pratiquante, nous parlions parfois de l'importance de croire en Dieu et de lui faire une place dans notre vie. La foi peut porter effectivement fruit quand elle s'incarne dans l'humain.

Mon père, lui, s'est toujours ouvertement déclaré athée, son pedigree scientifique lui interdisant de croire en autre chose qu'aux faits vérifiés et vérifiables. Pour lui, tout le reste, le Père, le Fils et le Saint-Esprit, ce n'était qu'histoire inventée pour troubler les esprits et nourrir l'ignorance. Bien sûr, qu'on l'ait, un 24 décembre, privé de cadeaux à la suite d'une interrogation de catéchèse ratée, qu'on l'ait forcé à assister aux vêpres tous les dimanches, et surtout qu'il ait perdu ses deux parents avant l'âge de cinq ans, tout cela a clairement convaincu mon père que Dieu ne pouvait exister sinon comme un objet de privation et pour briser à jamais le cœur des petits garçons.

Lorsque ma mère parlait de religion, mon père immanquablement en profitait pour démolir un à un les a priori religieux. Ma mère répliquait que la foi ne se mesurait pas ainsi, qu'elle se situait plutôt dans le cœur de chacun, et que, de toute façon, mon père était de « mauvaise foi », une expression qui prend ici tout son sens. Je penchais en général du côté de mon père, et l'on riait tous les deux de se faire traiter d'athées par ma mère, qui feignait de s'offusquer de notre manque de piété.

Si je vous parle de mes parents, c'est que je pense que la foi découle forcément d'un long enseignement qui tire sa source dans l'éducation, parentale d'abord, scolaire ensuite, et dans l'expérience que l'on fait de la vie.

On m'avait baptisée, mais je n'avais pas encore fait ma première communion lorsque mes parents ont décidé d'immigrer au Québec. Je n'ai donc jamais eu droit au premier rituel de communion. Vous dire que cela m'a manqué serait faux, mais dans le Québec de la fin des années 1970, ne pas avoir fait sa première communion était déjà sans le vouloir une façon de se démarquer. Parfois, il m'est arrivé de me sentir carrément à part du fait de ne pas avoir été présentée officiellement dans un rituel de communion avec Dieu. Déjà que l'immigration marquait ma différence, j'ai souhaité moi aussi adhérer à cette religion que mes copines de classe ne semblaient pas remettre en cause. Le Québec était encore fortement à l'heure religieuse. On ne discutait évidemment pas de la place du crucifix à l'Assemblée nationale, et encore moins d'accommodements raisonnables. Chez les scouts, mouvement catholique dont je faisais partie, on rendait grâce à Dieu à chacune de nos rencontres et dans nos chants. C'est tout.

Mes années dans des collèges tenus par des religieux auraient été désastreuses si on ne m'y avait pas appris que la discipline et la rigueur ne nous quittent jamais. Qu'on y enseigne une religion primaire dénuée de tout cadre rationnel m'a toutefois enfoncée un peu plus creux dans mes convictions personnelles. Le clou dans le cercueil de ma foi potentielle fut enfoncé le jour où j'ai coulé mon cours de religion archaïque (c'était bel et bien, de mémoire, le titre du cours !) au collège André-Grasset. Alors que je me destinais à des études de médecine, j'ai effroyablement échoué, avec un médiocre 26 %, à un cours que j'aurais dû passer haut la main. Facile, la religion, me disais-je, on n'a qu'à fermer les yeux et répéter ce qu'on nous dit. Faut croire que ce n'est pas dans mes gènes. Je crois bien que c'est la seule fois où Dieu est intervenu aussi directement dans mes affaires personnelles. Pas mince comme incidence, tout de même. Il m'arrive encore de penser à ma vie si j'avais été médecin, comme dans l'expression « être vraiment utile ». Mais bon, un petit regret, un ange passe... Euh non, pas un ange !

Pendant mes études en communication et en journalisme, et jusqu'à la fin de la vingtaine, ma quête spirituelle s'est poursuivie dans le cadre de voyages plus ou moins initiatiques, en Asie notamment. Là-bas, la ferveur des uns et des autres ne m'a pas non plus convaincue que je devais adhérer à ce grand club social des croyants. Je ne me souviens plus exactement du jour où j'ai décidé que le dossier était clos. Fini de chercher Dieu, il sait où j'habite. Si ça lui chante, qu'il me trouve ! Voilà un peu la conclusion de mon apprentissage religieux.

Vous voyez que l'histoire n'est pas passionnante. Le cheminement du pèlerin vers Compostelle ou de l'homme pieux vers la sainteté l'est beaucoup plus. Mais le chemin vers Dieu n'est pas fait que de lumière, paraît-il ! Aujourd'hui, sincèrement, et je m'en étonne encore parfois, alors que certains réclament des accommodements au nom de leur pratique religieuse, Dieu est complètement absent de ma vie. Une absence qui n'est ni un manque ni un oubli. Dieu ne m'est pas nécessaire. Le choix de ne pas croire s'est imposé de lui-même après toutes mes tergiversations. Le seul hic, c'est quand cela concerne d'autres personnes que moi, en l'occurrence mes enfants. Mon choix d'être athée est personnel, mais comment dois-je présenter les choses à mes deux filles ? Jusqu'à maintenant, j'ai choisi pour elles et Dieu ne fait pas partie de la liste des incontournables. Elles fréquentent une école où les religions sont multiples et leur religion à elles, c'est de ne pas en avoir.

D'ailleurs, elles ne sont pas les seules. De plus en plus de familles se rendent à la même évidence de l'absence de Dieu dans leur vie. Inutile de faire semblant : être croyant sans pratiquer, c'est prendre les choses un peu trop à la légère. « J'aime le poisson, mais je n'en mange jamais ! » Il faut choisir son camp. Le fait d'être sans religion est plutôt facile à gérer. Pas d'explications à donner, pas d'histoires à raconter. J'ai acheté quelques livres du genre *La religion expliquée aux enfants* que je n'ai pas encore eu à sortir. Mes filles sont autonomes. Je m'étais quand même préparée à répondre à leurs questions sur Dieu et la foi, mais elles n'en ont pas beaucoup posé. Elles vivent sans religion et je m'oppose à toute tentative pour leur en imposer une. Elles feront leur choix plus tard si elles en ressentent le besoin. Pour l'instant, elles vivent une enfance sans Dieu.

Et qui va leur inculquer leurs valeurs dites-vous ? Les valeurs comme le respect, la bonté, la générosité, l'écoute, ce genre de choses, dont on dit qu'elles se perdent ? Les valeurs, elles les apprennent à la maison, à l'école et en côtoyant les autres. On en revient à ce que je vous disais au début sur l'éducation. Et il est faux de prétendre que la religion détient le monopole des valeurs. Tout au plus, les dix commandements relèvent du gros bon sens. On a tellement tué au nom de Dieu. De quel droit le fait-on encore aujourd'hui ? Au nom de quelle valeur fondamentale ? On continue de pécher par manque d'humilité et par cette conviction mal placée que seule notre conception de la foi est la bonne. De toute façon, Dieu est devenu politique. Voilà pourquoi la plupart des gens refusent de parler de religion et de politique. Il s'agit d'un concept si abstrait que chacun croit à tort détenir l'unique vérité.

Tout en écrivant cela, je me dis que les choses ont tout de même évolué. Jadis, on m'aurait excommuniée avant de me brûler pour avoir tenu pareils propos. Il y a bien encore quelques endroits dans le monde où je passerais un mauvais quart d'heure à m'afficher du bord des infidèles, surtout moi, une femme. La lapidation serait sans doute le moindre de mes châtiments. J'ose croire qu'ici, personne ne m'en tiendra rigueur, Dieu merci !

LOUIS GILL

Croire est renoncer à connaître

Comme la grande majorité des Québécois francophones de mon âge, je suis né et j'ai été élevé dans la religion catholique. Comme toutes les familles de mon Plateau-Mont-Royal natal, la mienne était croyante et pratiquante. L'existence de Dieu était un dogme que personne n'aurait osé remettre en question. Nous allions à la messe tous les dimanches et souvent une ou deux fois pendant la semaine. Au collège, s'étaient rajoutés la messe du premier vendredi du mois et le salut du saint sacrement chaque vendredi après-midi pour terminer la semaine scolaire, sans compter, à l'occasion, les retraites fermées de deux ou trois jours dans un monastère. Nous connaissions par cœur les commandements de Dieu et de l'Église, ainsi que la liste des péchés véniels et des péchés mortels. Le petit catéchisme était notre guide. Nous nous confessions et recevions la communion régulièrement.

Nous ne mangions pas de viande le vendredi et nous nous privions de friandises pendant les quarante jours du carême. Nous jeûnions le vendredi saint et le mercredi des cendres. Pendant longtemps, tous les soirs à sept heures nous récitions le chapelet en famille à genoux, les bras en croix pour la dernière dizaine, en écoutant l'émission qui portait ce nom, animée par l'archevêque de Montréal, Paul-Émile Léger, et diffusée sur les ondes de la station de radio CKAC[1]. Nous ne lisions pas les livres mis à l'index. Chaque

1. *Le chapelet en famille* a été diffusé à la radio pendant vingt ans, de 1950 à 1970.

baptême, chaque confirmation, chaque première communion était l'occasion d'une fête familiale. Le jeudi saint, nous visitions sept églises où nous nous recueillions devant le reposoir. Le vendredi saint, nous faisions trois chemins de croix. Nous avions la conviction que les cloches des églises partaient pour Rome le jeudi saint pour en revenir deux jours plus tard, la veille de Pâques, à midi. Nous étions dans la norme de l'époque. Autant que par conviction, nous croyions et pratiquions par convention sociale et par crainte d'un mauvais destin dans l'après-vie.

Je conserve un souvenir tenace du véritable exercice de magie auquel ma mère se livrait lors des violents orages d'été. Terrorisée par les coups de tonnerre et les éclairs dont elle était convaincue qu'ils étaient déclenchés par les puissances divines, elle fermait précipitamment toutes les fenêtres et tous les rideaux. Elle nous rassemblait au centre de la maison sous un crucifix et allumait des lampions. Elle nous prenait sur ses genoux sur une chaise berçante et récitait sans arrêt de manière incantatoire, chapelet en main, la prière suivante jusqu'à ce que l'orage soit terminé : « Sainte Barbe, sainte Fleur, partout où l'image de notre Seigneur sera, jamais le tonnerre ne tombera ! »

Ni elle ni nous n'avions idée de qui pouvaient être ces saintetés, ce qui rendait encore plus incompréhensible que le fait de les invoquer ad nauseam ait pu nous protéger de la colère des éléments. La propension de ma mère à assimiler les dogmes l'amenait en particulier à soutenir contre toute évidence la légende alors répandue selon laquelle chaque vendredi saint à trois heures de l'après-midi, le ciel se couvrait de nuages et l'orage venait nous rappeler la déchirure du voile du Temple et la mort du Christ en croix.

Au cours de mes dernières années de collège, je servais la messe plusieurs fois par semaine à la chapelle du collège. Une fois mon service terminé, je restais à la chapelle et j'y passais de longs moments à genoux, en méditation, dans un exercice qu'on peut définir comme de la contemplation. Ce fut ma période de mysticisme religieux. Mais un peu comme les crises économiques éclatent au sommet d'un cycle, au terme d'une longue activité de croissance qui a atteint ses limites, ma crise religieuse a éclaté au moment où ma ferveur avait atteint ce sommet.

Lors d'une discussion parmi un groupe d'étudiants de ma classe, l'un d'eux, en qui j'avais une grande confiance et dont je n'aurais jamais soupçonné qu'il ait pu exprimer sérieusement un pareil doute, s'est demandé si nous pouvions vraiment être sûrs de l'existence de Dieu. Même s'il avait immédiatement fermé la porte à cette brutale remise en question en disant que finalement on ne saurait en douter parce que, affirmait-il avec conviction, « il l'avait démontrée hors de tout doute en faisant de si grandes choses ! », l'hypothèse qu'il avait avancée pour la retirer aussitôt m'avait asséné un choc décisif. Nous avions bien été exposés en classe aux débats philosophiques sur les preuves de l'existence de Dieu, mais le fait que cette question soit audacieusement posée par l'un de nous comme une hypothèse que nous pouvions nous-mêmes soulever m'a bouleversé.

Dans la naïveté de mes 15 ans, je tombais des nues. La croyance béate et dogmatique qui avait marqué les premières années de ma vie était désormais ébranlée par le doute. Et, comme un puissant antidote, ce doute qui s'était installé en moi allait finir par me libérer du virus religieux qui m'habitait depuis mon enfance. Comme le disait si bien Descartes, le point de départ de toute recherche de la vérité est le doute méthodique et la seule certitude est celle de la pensée qui doute. Il fallait que j'aille jusqu'au bout de mes interrogations.

J'ai donc entrepris une profonde réflexion personnelle qui s'est déroulée sur plusieurs semaines. Tous les dimanches, à l'heure à laquelle je devais normalement aller à la messe, je faisais une longue marche dans des rues de la ville où je ne risquais pas d'être surpris en flagrant délit de messe buissonnière, et je réfléchissais à ce problème de la croyance qui m'obsédait. Cette réflexion m'a finalement amené à larguer définitivement Dieu et la religion. J'avais 16 ans. Je terminais mes études collégiales. Nous étions en 1956. Mon inféodation à la religion mourait au moment où le Québec se préparait à amorcer sa sortie du Moyen Âge et son entrée dans l'ère moderne, en premier lieu par la libération des esprits. Huit ans plus tôt, des artistes avaient signé le manifeste *Refus global*. L'existentialisme se laissait découvrir et l'athéisme frayait son chemin. Le Mouvement laïque de langue française, ancêtre du Mouvement laïque québécois, était sur le point de naître. Nous étions à la veille de la Révolution tranquille.

D'athées devenus à « athées de souche »

Après mes études collégiales, je me suis inscrit à l'Université McGill où j'ai obtenu mon diplôme d'ingénieur en 1961. J'ai rencontré l'année suivante Louise Pinard avec qui je me suis marié en 1963. Tous deux athées, nous avions à surmonter l'obstacle de l'inexistence, à cette époque, du mariage civil. Si invraisemblable que cela puisse paraître aujourd'hui, seul un ministre du culte, un prêtre de religion catholique, pouvait alors en effet marier deux personnes. C'est dire le formidable pouvoir que possédait alors l'Église dans la société québécoise. Elle contrôlait les établissements de santé et de services sociaux et les établissements d'enseignement à tous les niveaux, y compris au niveau universitaire. Les recteurs des universités francophones étaient nécessairement des membres du clergé nommés par le chancelier de l'université, qui était l'évêque du diocèse, et les professeurs permanents devaient, en début d'année, à la messe du Saint-Esprit, prêter le serment antimodernisme par lequel ils s'engageaient à ne pas enseigner les erreurs modernes énumérées dans le *Syllabus* du Vatican. L'Église jouait aussi le rôle de registre de l'état civil : toute naissance, tout mariage, tout décès était enregistré par l'Église, dont on constate qu'elle était un authentique État dans l'État.

Il s'ensuivait que pour être un acte civil le mariage devait être un acte religieux, et plus précisément un sacrement dans la foi catholique. Ce qui veut dire que, comme pour tout autre sacrement, il fallait être en état de grâce pour recevoir le sacrement du mariage. À moins de se marier dans un autre culte, il fallait donc au préalable s'être confessé de ses péchés devant un prêtre et avoir obtenu de lui son absolution. En somme, pas de mariage hors du cadre religieux et pas de mariage catholique sans confession. Comment résoudre pareille impasse lorsqu'on est athée et qu'on refuse de se plier à de telles exigences ? Il faut préciser que l'union libre était alors l'exception et qu'elle était fort mal acceptée dans le cadre familial de cette société encore solidement sous l'emprise de la religion.

Qu'on le croie ou non, la divine Providence nous a ménagé une porte de sortie. Je lui en serai reconnaissant jusqu'à la fin de mes jours et je la remercierai en personne dans l'au-delà. Deux des oncles de Louise étaient en effet des prêtres, qui ont accepté avec plaisir de célébrer conjointement le mariage religieux en toute connaissance de cause et sans poser quelque condition ni exigence. Pour la petite histoire, l'un d'eux était Adrien Pinard, alors encore clerc de Saint-Viateur avant de quitter les ordres quelques années plus tard, mais surtout psychologue de réputation internationale, disciple de Jean Piaget, qui a longtemps été professeur à l'Université de Montréal, puis à l'Université du Québec à Montréal où il a terminé sa carrière et où je l'ai retrouvé comme collègue.

Deux filles sont nées de ce mariage, Véronica en 1969 et Michaëlle en 1971. Il va sans dire qu'elles n'ont pas été baptisées et qu'elles ont reçu une éducation non religieuse. La Révolution tranquille ayant dès lors produit ses effets, il était désormais possible d'inscrire une naissance au registre de l'état civil et de ne plus se soumettre à l'anciennement incontournable baptistaire. Pour ce qui est de leur éducation scolaire, même si l'école publique qu'elles ont fréquentée était toujours confessionnelle, elles ont été préservées de l'enseignement religieux, ayant été parmi les premières à bénéficier de ce substitut boiteux qu'étaient les cours de morale, ouverts aux enfants dont les parents le réclamaient. Nées en dehors de la religion et séparées par la suite de l'enseignement religieux et de la culture religieuse par une cloison étanche, elles sont d'authentiques athées, des « athées de souche », pourrait-on dire.

Le fait d'avoir été maintenu à l'écart de la culture religieuse peut parfois donner lieu à des incidents assez cocasses. Lors d'une cérémonie religieuse à l'occasion du décès de la mère de ma deuxième conjointe, Monique Audet, en 1994, le prêtre célébrant a procédé, à grands coups de goupillon, à une vigoureuse aspersion d'eau bénite qui a atteint bon nombre des participants, puis il a abondamment encensé à tout vent selon le rituel connu, destiné à chasser les mauvais esprits. Interloquée par des gesticulations qu'elle voyait pour la première fois de sa vie et qui lui apparaissaient comme relevant du plus pur burlesque, ma fille Michaëlle s'est trouvée prise d'un fou rire incontrôlable qui l'a forcée à sortir précipitamment de la pièce, l'air de se dire : « Mais qu'est-ce qu'il fait là ? Il est complètement sauté. » Je conserve un agréable souvenir de cette réaction rafraîchissante d'une personne qui n'a jamais été contaminée par la religion et son cortège de mascarades et d'actes relevant de la magie.

Je termine ce tour d'horizon familial en mentionnant que mon petit-fils Samuel, qui avait alors 11 ans, m'a récemment dit qu'il était athée. J'ai eu la joie de voir renaître Feuerbach en lui lorsqu'il m'a dit qu'à son avis, c'est l'homme qui a créé Dieu et non le contraire. Je lui ai demandé si ce n'était pas moi qui lui avais parlé de cela un jour. Il m'a assuré que non, alors que j'ai bon souvenir du contraire. Mais qu'importe, puisqu'il a assimilé la conviction. Il me restera à l'encourager à être plus modeste, à ne pas être amnésique et à ne pas mentir.

Dans un ouvrage intitulé *L'essence du christianisme*, publié en 1841, le philosophe matérialiste allemand Ludwig Feuerbach (1804-1872) a en effet écrit que, par la religion, l'homme s'aliène en transférant ses propres caractéristiques, portées à la perfection, à un être suprême qui n'est que le produit de son imagination, auquel il se soumet. Il en déduisait que la reconquête de l'homme par lui-même passe par la démystification de ces illusoires puissances spirituelles. On peut dire de ce développement de la pensée, qui substituait l'homocentrisme au théocentrisme, qu'il constituait une révolution copernicienne de la philosophie de l'époque, alors sous la tutelle de l'idéalisme[2].

L'ignorance, fondement des religions

Existe-t-il un monde des idées situé au-dessus du monde de la nature, ou les idées sont-elles le simple reflet des choses matérielles ? Cette question du rapport de la pensée à l'être ou de l'esprit à la matière a traversé l'histoire depuis l'Antiquité. Elle a divisé les penseurs en deux camps, celui de l'idéalisme et celui du matérialisme, selon la primauté qu'ils accordent respectivement à l'esprit ou à la matière. Elle pose au premier chef la question de savoir si notre pensée est apte à connaître le monde réel et à en donner une représentation fidèle. Du point de vue de la religion, ces préoccupations se résument à la question suivante : existe-t-il un dieu dont le monde est la création ? Dans les lignes qui suivent, j'explique pourquoi j'adhère à la conception matérialiste du monde, fondement de l'athéisme[3].

L'observation du monde et de son évolution révèle qu'il y a d'abord l'existence réelle des choses, puis leur reflet dans la pensée et leur compréhension plus ou moins complète par le cerveau humain. Le fait que le soleil se lève à l'est tous les matins est une réalité qui existe en dehors de nous et qui est longtemps demeurée inexpliquée par la pensée humaine. La réalité du chômage et des iné-

2. Si majeur qu'ait été son apport, Feuerbach ne concluait cependant pas à la mort de la religion dont il identifiait plutôt l'essence dans les rapports affectifs entre les humains, l'amour sexuel étant l'une des formes les plus élevées de l'exercice de cette nouvelle religion. Découvrant cela, nombreux sans doute seront ceux et celles qui s'identifieront désormais comme feuerbachiens !

3. J'y reprends des propos présentés dans l'introduction de mon livre *Fondements et limites du capitalisme*, Montréal, Boréal, 1996.

galités s'impose à la population, que les économistes arrivent ou non à en comprendre et à en expliquer les causes. Il semble donc normal de voir la réalité matérielle comme une donnée première et le reflet de cette réalité dans la pensée comme une donnée seconde.

Aux temps les plus reculés de la civilisation, le faible degré d'avancement des connaissances laissait place aux spéculations les plus diverses sur le monde. Les systèmes philosophiques servaient de substitut à une science encore embryonnaire. En l'absence d'une science de la nature et d'une science de l'histoire, on édifiait des philosophies de la nature et de l'histoire. Petit à petit, le développement de la science a permis de détrôner les systèmes artificiels fondés sur l'ignorance, de leur enlever toute justification.

Notre connaissance du monde demeure partielle, mais si nous en comparons le niveau actuel ne serait-ce qu'à celui du siècle dernier, nous constatons que des progrès énormes ont été accomplis. Sur cette base, il est tout à fait rationnel de prendre pour principe que le monde est connaissable et que ce qui demeure inexpliqué à ce jour pourra, avec les développements ultérieurs de la science, être tôt ou tard élucidé. De ce point de vue, il n'y a pas de choses dont on puisse dire qu'elles sont à jamais inexplicables. Le progrès de la science est l'élimination progressive de l'erreur et de l'ignorance.

Le développement de cette conception matérialiste du monde a été favorisé par les grandes découvertes scientifiques, d'abord celles des XVIe et XVIIe siècles. Le monde avait jusqu'alors été dominé par une conception idéaliste, selon laquelle c'est l'esprit qui crée la matière. Elle a trouvé son application pratique dans les religions qui affirment que l'esprit pur, Dieu, est le créateur du monde matériel. Le monde réel y est vu comme l'incarnation d'idées existant de toute éternité. Le courant contemporain du créationnisme et de l'anti-évolutionnisme en est aujourd'hui l'expression la plus caricaturale.

Dans l'Antiquité, alors qu'on ne savait pas encore expliquer des phénomènes naturels comme le vent, le feu, le mouvement des mers..., on faisait appel à des divinités, personnifications des puissances naturelles : chez les Romains, Neptune le dieu des mers, Vulcain le dieu du feu, etc. Les nombreux dieux aux pouvoirs circonscrits ont par la suite été conçus comme de purs esprits, puis ont fait place à un dieu unique tout-puissant, que les religions d'aujourd'hui considèrent toujours comme le créateur d'un monde dont on ne sait encore expliquer l'origine que de manière hypothétique. L'ignorance a favorisé la croyance en l'existence de choses inexplicables qui émaneraient de puissances supérieures. On a édifié sur cette base les religions avec leurs appareils qui se nourrissent de l'ignorance et ont contribué à la maintenir. Croire est renoncer à connaître et se condamner à l'ignorance.

À l'époque du plus sombre obscurantisme religieux que fut le Moyen Âge, l'être humain, en tant que création de Dieu et son représentant ici-bas, était selon la parole de l'Église le centre de la Terre, et la Terre, le centre de l'univers. La théorie géocentrique de l'astronome grec Ptolémée énoncée au IIe siècle de notre ère, dont les principes avaient été formulés par Aristote et selon laquelle le soleil tourne autour de la Terre, était agréée comme un dogme par l'Église qui dénonça comme hérétique la théorie héliocentrique de l'astronome polonais Nicolas Copernic (1473-1543), selon laquelle les planètes, dont la Terre, tournent sur elles-mêmes et autour du soleil. On sait que, ayant entrepris de démontrer la validité du système de Copernic, le physicien et astronome italien Galileo Galilei, dit Galilée (1564-1642), fut interdit de professer et forcé en 1633 de répudier ses travaux scientifiques devant l'Inquisition, tribunal ecclésiastique chargé de lutter contre les hérésies. Même si la théorie héliocentrique s'imposait dès cette époque comme une découverte scientifique majeure, Galilée ne fut pourtant réhabilité par le Vatican que 360 ans plus tard, en 1993. À cette occasion, l'Église catholique, par la voix du pape Jean-Paul II, absolvait néanmoins l'Inquisition qui, à son dire, « ne pouvait se fonder que sur les connaissances disponibles à l'époque », les connaissances de Galilée appartenant sans doute à une autre époque !

Rien de définitif, d'absolu, de sacré

L'acte de foi idéaliste en des vérités éternelles a pris des formes nouvelles à l'époque contemporaine, mais sa survie n'en est pas moins tenace. On entendra souvent par exemple l'affirmation suivante : « Il y a toujours eu des pauvres et il y en aura toujours. » Faire le constat que la pauvreté a toujours existé est une chose. Déclarer qu'elle existera toujours en est une autre. La première relève de l'observation concluante de ce que révèle toute l'histoire connue. La deuxième relève de la conviction que ce problème est à jamais insoluble. Il va de soi que si on envisage l'avenir comme devant inévitablement se poursuivre dans le cadre du régime social actuel fondé sur la poursuite des intérêts individuels, il est logique de penser que les problèmes que ce régime engendre, dont la pauvreté des uns et la richesse des autres, subsisteront. Mais cela ne veut pas dire qu'à partir des moyens existants, il serait utopique de rechercher le type de société qui permettrait d'éliminer les iniquités et les injustices de la société actuelle. L'humanité doit-elle abdiquer devant un problème qui serait jugé pour toujours au-delà de sa portée ? La médecine a-t-elle abdiqué devant tous ces maux qui dans le passé étaient considérés comme incurables, comme le cancer par exemple, et qui aujourd'hui sont totalement ou partiellement guérissables, grâce à la poursuite ininterrompue des efforts pour dépasser ses limites ?

L'économie capitaliste est soumise aux lois du marché, qui échappent au contrôle des producteurs et des consommateurs. Dans le langage des économistes, on parle de la « main invisible ». Ce système, sur lequel les acteurs n'ont qu'un contrôle partiel qui leur échappe totalement lors de l'éclatement des crises, nous est présenté comme le dernier stade du développement social. Il peut engendrer chômage, inégalités profondes, pauvreté et famine, et il n'existerait tout simplement rien de supérieur. La faillite de la planification autoritaire stalinienne dans l'ancien empire soviétique l'aurait irréfutablement démontré, renforçant la conviction que l'économie de marché est là pour rester. En d'autres termes, nous serions arrivés à « la fin de l'histoire », comme le soutenait en 1989 un analyste politique états-unien devenu par la suite conseiller du département d'État, Francis Fukuyama, dans un article intitulé « The End of History ? » publié dans la revue *The National Interest*.

Que l'humanité accuse un retard historique dans la domination des forces économiques, par rapport aux pas gigantesques réalisés dans la conquête de l'espace ou dans le développement du militarisme et des forces de destruction, est un fait indéniable et des plus dramatiques. Qu'on en conclue à l'impossibilité à jamais d'en arriver à un contrôle collectif organisé et à une maîtrise réelle de la population sur l'économie, lui permettant de dominer un marché qui lui a jusqu'ici imposé ses lois, est une tout autre chose. Ici, la renonciation à la tâche trouve sa justification dans la croyance en l'idée que celle-ci est impossible. Et cette idée trouve essentiellement son origine dans la volonté des privilégiés du système de défendre leurs intérêts en en assurant la survie. D'un point de vue matérialiste, au contraire, la seule présomption de départ est de reconnaître comme plausible que les problèmes existants, quelle que soit la perception actuelle de leur ampleur, finiront par être résolus. La recherche de solutions se présente dès lors comme un défi à relever, plus précisément comme un enjeu politique et social.

Pour Fukuyama, les développements de la fin du XXe siècle marqueraient « le point final de l'évolution idéologique de l'humanité et l'universalisation de la démocratie libérale occidentale comme forme ultime de gouvernement » et il y aurait « de fort bonnes raisons de croire que c'est cet idéal qui gouvernera en fin de compte le monde matériel ». Répondant en quelque sorte par anticipation à cette profession de foi idéaliste, Friedrich Engels écrivait cent ans plus tôt, en 1888 :

> Pas plus que la connaissance, l'histoire ne peut trouver un achèvement définitif dans un état idéal parfait de l'humanité ; une société parfaite, un État parfait sont des choses qui ne peuvent exister que dans l'imagination ; tout au contraire, toutes les situations qui se sont succédé dans l'histoire ne sont que des étapes transitoires dans le développement sans fin de la société humaine progressant de l'inférieur vers le supérieur. Chaque étape est nécessaire, et par conséquent légitime pour l'époque et les conditions auxquelles elle doit son origine ; mais elle devient caduque et injustifiée en présence de conditions supérieures nouvelles qui se développent peu à peu dans son sein ; il lui faut faire place à une étape supérieure qui entrera à son tour dans le cycle de la décadence et de la mort.

De même que le capitalisme, poursuit Engels, a dissous dans la pratique toutes les anciennes institutions au moyen de la grande industrie, de la concurrence et du marché mondial, ainsi sont dissoutes toutes les notions de vérité absolue définitive et d'états absolus de l'humanité. Il ne subsiste dans l'évolution historique rien de définitif, d'absolu, de sacré, rien d'autre que « le processus ininterrompu du devenir et du périr[4] ».

Défendre la laïcité

Voilà résumés à grands traits les principes qui fondent mon athéisme, mon adhésion au marxisme et ma défense de la laïcité. Je tiens à

4. Friedrich Engels, *Ludwig Feuerbach et la fin de la philosophie classique allemande*, Paris, Éditions sociales, « Classiques du marxisme », 1966, p. 13-14.

préciser qu'en tant que marxiste, j'ai milité pendant plusieurs années dans une organisation politique trotskyste, le Groupe socialiste des travailleurs, dont l'un des champs d'intervention, pendant toutes les années de son existence, a été la défense de la laïcité[5]. J'en suis très fier. La lutte pour la séparation de l'Église et de l'État, pour un système d'éducation unique, public et laïque et pour l'abolition de toute subvention gouvernementale à l'enseignement privé était au cœur de la politique du GST qui s'y est engagé par ses écrits, ses interventions sur la place publique, ainsi que par les interventions de ses militants dans le mouvement syndical, en particulier dans les syndicats d'enseignants, et dans les organisations vouées à la défense de la laïcité[6].

Dans les années 1970, de concert avec le mouvement syndical et démocratique, le GST s'est opposé à la discrimination dans l'embauche découlant de l'obligation pour le personnel enseignant des écoles catholiques d'être de foi catholique. Il s'est aussi opposé à la mise à l'index par le Comité catholique de livres d'histoire du socialisme et de matériel d'éducation sexuelle déclaré immoral, à la croisade de l'épiscopat en faveur d'une école « audacieusement chrétienne » et de l'abolition à cette fin du critère d'ancienneté dans l'embauche des enseignants. À partir de 1976, ses militants sont intervenus dans le cadre de l'Association québécoise pour l'application du droit d'exemption à l'enseignement religieux (AQADER), dont la bataille la mieux connue est celle qu'elle a menée en appui aux parents et enseignants de l'école Notre-Dame-des-Neiges, qui revendiquaient la déconfessionnalisation de leur école.

De concert avec la Commission des droits de la personne et l'Alliance des professeurs de Montréal, l'AQADER appuyait la campagne du comité d'école en faveur de la révocation de son statut catholique et de sa transformation en une école pluraliste accueillant tous les enfants sans distinction d'appartenance ethnique et religieuse. Quelques semaines avant le référendum de mai 1980, le juge en chef Jules Deschênes de la Cour supérieure déclarait ce projet inconstitutionnel et confirmait le caractère obligatoirement

5. Un autre volet important de son action a été la défense du libre choix des femmes à l'égard de la maternité et du droit à l'avortement libre et gratuit, auxquels l'Église catholique s'opposait fermement et s'oppose toujours autant aujourd'hui.

6. Voir Louis Gill, « Le Groupe socialiste des travailleurs (1974-1987) », *Bulletin d'histoire politique*, première partie, vol. 14, n° 2, hiver 2006, p. 227-248 ; deuxième partie, vol. 14, n° 3, printemps 2006, p. 271-192. Cet article est disponible sur le site internet des Classiques des sciences sociales.

confessionnel de toutes les écoles de la CECM en invoquant l'article 93 de l'Acte de l'Amérique du Nord Britannique (AANB), ce qui ne laissait aucun doute quant au fait que la laïcité était au centre de l'enjeu référendaire.

Quelques mois plus tard, l'AQADER se prononçait pour la séparation effective de l'Église et de l'État et pour la laïcité de toutes les écoles publiques. Elle était à l'initiative en 1981, quinze ans après la dissolution du Mouvement laïque de langue française (MLF), de la création du Mouvement laïque québécois (MLQ), auquel les militants du GST ont activement participé. Le MLQ a fait de la lutte pour l'abrogation de l'article 93 de l'AANB son premier cheval de bataille. On sait que cet article a été reconduit dans le document tenant lieu de constitution, imposé par le coup de force du premier ministre Trudeau en 1982.

Le GST s'est également impliqué dans l'opposition menée par le MLQ aux projets de réforme de l'école soumis par le gouvernement péquiste de René Lévesque et son ministre de l'Éducation Camille Laurin au milieu des années 1980, qui maintenaient le caractère confessionnel de l'école, le pouvoir des comités confessionnels et le financement public des écoles privées. Après sa dissolution en 1987, ses militants ont poursuivi à titre individuel le combat pour la laïcité, mené jusqu'alors de manière organisée.

Pour ce qui est de mes faits d'armes personnels, je mentionne avec grand plaisir l'intervention à l'instigation de laquelle j'ai été en tant que vice-président du Syndicat des professeurs et professeures de l'UQAM (SPUQ) au cours de l'année 1999-2000, qui a mené à l'enterrement de l'initiative la plus injustifiable de l'histoire de l'UQAM, celle d'un partenariat d'enseignement avec le Torah and Vocational Institute of Montreal (TAV) de la communauté juive hassidique. En vertu de ce protocole, l'UQAM, université publique, laïque, francophone, ouverte et démocratique, acceptait de donner des cours en anglais, dans un cadre privé et religieux qui l'amenait à pratiquer une triple ghettoïsation fondée sur l'appartenance religieuse, le sexe (hommes d'un côté, femmes de l'autre) et la langue dans la formation des groupes-cours et dans l'attribution des charges d'enseignement[7].

7. Pour en savoir davantage sur cet épisode, voir Louis Gill, *Trente ans d'écrits syndicaux. Contributions à l'histoire du SPUQ*, publié par le Syndicat des professeurs et professeures de l'UQAM, 2002, p. 357-376. Ce livre est disponible sur le site internet des Classiques des sciences sociales.

Au moment où le système scolaire québécois, au terme d'un débat de société de plusieurs décennies, venait de se débarrasser de ses vieilles structures archaïques des commissions scolaires confessionnelles pour instituer des commissions scolaires linguistiques ouvertes à tous et à toutes, indépendamment de leur croyance religieuse, et de franchir ainsi ses premiers pas vers une laïcisation complète de l'éducation, l'UQAM acceptait, elle, de développer une formation universitaire destinée à une communauté définie par son adhésion à une croyance religieuse, taillée sur mesure pour répondre à ses besoins spécifiques, et de dispenser ainsi des cours sur une base de discrimination linguistique, sexuelle et religieuse. De faux « accommodements raisonnables » avant la lettre, pourrait-on dire.

Ce projet devait être bloqué à tout prix. Nous nous y sommes résolument employés en tant que syndicat dans une bataille qui a duré toute l'année universitaire et nous sommes finalement parvenus à obliger l'administration de l'université à résilier ce contrat contre nature, inadmissible dans un établissement universitaire digne de ce nom. Belle victoire pour la laïcité, pour la démocratie et pour l'université francophone. Belle victoire en somme pour l'institution universitaire comme lieu où doivent se rejoindre, se côtoyer et se confronter tous les courants de pensée et d'idées, où doivent se réunir, au-delà des croyances et incroyances religieuses, professeurs et étudiants en vue de la quête objective du savoir et de sa diffusion.

Contre les intégrismes et les théocraties politiques

Comme tous ceux et toutes celles pour qui la laïcité est un fondement *sine qua non* de tout État démocratique, il va sans dire que je suis préoccupé par la croissance en nombre et en force des intégrismes de toute obédience et des États religieux partout dans le monde, dont l'État religieux juif d'Israël qui impose à la population palestinienne un régime d'apartheid et confisque ses territoires, et fait de ses propres citoyens arabes des citoyens de deuxième ordre tout en se réclamant de la démocratie. Pour ce qui est de ce pays et de l'ensemble de la Palestine, je demeure convaincu que la condition nécessaire d'une issue à soixante ans d'impasse, si utopique puisse-t-elle sembler, est l'avènement d'un État démocratique laïque binational arabe et juif, comme le prônaient entre autres, dans les années qui ont précédé la création d'Israël en 1948, la philosophe juive Hannah Arendt et le rabbin Judah Magnes, premier recteur de l'Université de Jérusalem, et comme le prônent aujourd'hui encore de nombreux juifs du monde entier. Il va sans dire que l'État laïque est tout autant une condition nécessaire à la démocratie dans les pays où dominent l'islam, le christianisme ou toute autre religion.

Enfin, pour conclure sur un sujet qui a occupé une place importante dans l'actualité récente, j'appuie la lutte de libération nationale du peuple tibétain contre la bureaucratie autoritaire et répressive chinoise, comme j'appuie la lutte de libération sociale de l'ensemble du peuple chinois contre cette même bureaucratie stalinienne convertie au capitalisme. Et je soutiens avec autant de conviction le peuple tibétain contre la perspective de la théocratie médiévale à laquelle aspire le roi des moines bouddhistes, le dalaï-lama.

HERVÉ FISCHER

Mythanalyse de Dieu

Il existe de nombreuses preuves de l'existence de Dieu. En voici quelques-unes, qui sont difficiles à ignorer.

Première preuve, a contrario: Dieu existe. Le Mal aussi. Le Diable est un ange déchu, mais il paraît souvent plus puissant que Dieu : il suffit d'observer le monde comme il va. L'existence du mal est la preuve a contrario de l'existence de Dieu.

Deuxième preuve, d'évidence: serait-il possible que Dieu existe sans que nous le sachions ? Ce serait épouvantable, car nous pourrions, dans l'ignorance, nous condamner nous-mêmes pour l'éternité. Il était donc nécessaire que Dieu se révèle à nous, par l'intermédiaire de ses prophètes, des Livres sacrés, et même directement à chacun de nous, qui savons le trouver dans notre âme.

Troisième preuve, par l'absurde: comment nier la création de l'univers ? À moins de croire que ce fut une création spontanée, ce qui est impossible. Si Dieu n'avait pas toujours existé, il aurait fallu qu'un dieu le crée. On ne peut échapper à cette logique.

Quatrième preuve, de nécessité: imaginons un seul instant que Dieu n'existe pas. Nous ne saurions plus pourquoi nous sommes sur Terre, ni quel est le sens de la vie. Comment pourrait-on s'accommoder de telles ténèbres ? À moins de n'être que des animaux, ce que nous ne sommes manifestement pas, nous sommes contraints de croire en Dieu.

Cinquième preuve, de raison: lorsque nous mourons, il faut bien que nous allions quelque part. Nous ne pouvons pas soudain disparaître dans le néant. La mort est la preuve de l'existence de Dieu, tout aussi bien que la naissance.

Sixième preuve, par comparaison: lorsqu'on se compare aux animaux, on ne peut contester l'existence en chacun de nous d'une âme, qui est une parcelle de la lumière divine.

Septième preuve, scientifique: la science, même celle qui se prétend athée, nous donne chaque jour la preuve de l'existence de Dieu en nous découvrant toujours plus de merveilles de l'intelligence et de la créativité prodigieuse qui ont fait de l'univers ce qu'il est.

Huitième preuve, a fortiori: Dieu est plus qu'une hypothèse de raison. La foi repose certes sur l'intelligence et le raisonnement, mais aussi sur l'évidence intuitive et sur l'expérience spirituelle. Spontanément, selon l'inclination naturelle de notre esprit, nous avons beaucoup plus tendance à croire en Dieu qu'à résister à l'évidence de son existence. Les croyants sont d'ailleurs manifestement plus heureux que les athées.

Neuvième preuve, d'expérience: c'est dans la détresse, lorsque nous sommes faibles et démunis, lorsque nous souffrons, que nous avons le plus besoin de Dieu. Et c'est alors que Dieu se penche vers nous pour nous réconforter, et s'impose à nous encore plus fortement.

Dixième preuve, de prudence salutaire: ainsi, la crainte de Dieu resurgit devant la mort. Et Dieu est toujours prêt à nous ouvrir les bras, même lorsqu'on a péché. Même au dernier moment. D'ailleurs, ceux qui croyaient ne plus croire redeviennent déistes au moment de mourir et demandent des funérailles religieuses.

Premier corollaire: puisque Dieu existe, nous lui devons tout, le monde et nous, l'homme, la femme et nos enfants; et l'espoir, si nous vivons pieusement, de retrouver les êtres qui nous sont chers au paradis.

Deuxième corollaire: Dieu sait tout, même ce que nous souhaiterions lui cacher. Sa mémoire du passé comme sa connaissance du futur sont absolues. Il faut donc mener une vie religieuse et tout faire pour assurer notre salut éternel. Être habité par Dieu: voilà le sens de la vie. Et plus nous en sommes inspirés, plus il se laisse connaître par nous.

Troisième corollaire et nouvelle preuve: À la limite, on peut critiquer les religions, qui ont inévitablement des défauts humains, mais il faut au moins être croyant et respecter la morale. Ainsi, Einstein, même s'il traitait les religions de *superstitions puériles*, croyait à une intelligence éternelle dans l'univers, sans laquelle la science ne pourrait pas même se concevoir. Car *Dieu,* disait-il, *ne joue pas aux dés.* La vérité des mathématiques est une preuve fondamentale et rationnelle de l'existence de Dieu.

De la volonté de croire. Il n'y aurait aucun mérite à croire en Dieu, si son existence n'était pas un mystère qui exige un acte de foi. Et si le doute parfois nous envahit, il faut demeurer prudent. Être agnostique semble sage. Car si l'on ne croit pas en Dieu, il est logique de n'être sûr de rien, même de son inexistence. Être athée est donc une bravade inutile et qu'on pourrait bien un jour regretter. Pourquoi se risquer ainsi, tellement loin de l'évidence, de la raison et du cœur ? L'athéisme est une attitude irrationnelle, celle d'un esprit fort qui trouve un plaisir – d'ailleurs bien incertain – dans une vaine polémique. Le pari de Pascal s'impose.

Du progrès de la foi. En fait, on doit admettre aujourd'hui que les hommes ont toujours su que Dieu existe, même s'ils se le sont représenté sous diverses formes, selon les cultures et les époques. Certes, ce fut d'abord sous les apparences primitives de l'animisme, puis des mythologies polythéistes. Mais, le progrès des civilisations humaines aidant, le Saint-Esprit s'est imposé, même aux païens, grâce aux missionnaires qui accompagnaient nos armées. Et il est reconnu aujourd'hui par une majorité d'êtres humains sous la forme d'un Dieu unique et universel. Nous sommes plusieurs milliards d'êtres humains à craindre Dieu, sous les trois figures monothéistes de sa divine déclinaison : le Dieu juif, le Dieu chrétien et le Dieu islamique. Voilà bien la preuve que le progrès existe dans la religion aussi. Et comme l'a démontré Teilhard de Chardin, l'humanité progressera encore. L'esprit gagne peu à peu sa longue bataille contre la matière. Il se répand sur toute la terre, l'enveloppe dans sa lumière et tend vers le point Oméga de notre évolution. Cette aspiration cosmique vers notre ultime finalité est en cours.

De la sincérité de la foi et de la difficulté de l'athéisme

Ceux de mes lecteurs qui sont croyants se seront reconnus, j'en suis certain, dans ces paroles de sagesse. Inversement, les incroyants y auront décelé l'ironie d'un athée. Chacun lit ce dont il est déjà convaincu. Les croyants ne doivent jamais oublier que l'athéisme est un cheminement difficile et exigeant, ni les athées manquer de respect à la sincérité des croyants, même si, selon eux, la foi les aveugle. D'ailleurs, aucune des deux convictions n'est nécessairement irréversible, comme on peut l'observer souvent, même chez la même personne. L'être humain a besoin de croire en quelque chose: voilà le fait incontournable. L'athée croit aussi, même si ce n'est pas en Dieu. Il faut admettre que ce n'est pas le détail du profil de Dieu qui est en question, ni sa théologie, ni ses vertus, ni son particularisme juif, islamique, chrétien, ou ses alternatives polythéistes, rationalistes ou humanistes. Certes, les guerres de religion sont des guerres de cultures et d'identités. Mais ce n'est pas le besoin de croire qui sépare les athées des croyants. C'est ce en quoi ils croient. Les uns professent une transcendance et s'y soumettent, les autres désirent se libérer et s'assumer humainement. Ce sont des imaginaires qui s'opposent. Lorsqu'on parle couramment d'incroyance, il faut donc préciser que l'on pense à l'incroyance religieuse, qui n'exclut aucunement d'autres croyances, par exemple matérialistes, en l'homme, la morale, la raison ou le progrès (auxquels il faudrait aussi mettre des majuscules, si l'on en met une à Dieu, tant ce sont des valeurs ou des figures de substitution).

Certes, l'incroyance religieuse semble progresser dans le monde contemporain. C'est encourageant. Mais son progrès suppose qu'elle soit remplacée par d'autres croyances, non plus divines, mais terrestres, et aussi convaincantes ou attirantes. Nier Dieu, c'est vouloir être des hommes libres, donc sans âme. C'est rejeter une servitude au nom d'une autonomie. Mais le processus ne s'arrête pas là. Car on ne renonce pas à une croyance sans en embrasser une autre, ni à un lien sans en créer un autre. On coupe un élastique, celui de l'aliénation transcendantale, mais pour s'en mettre un autre, celui de l'engagement humain qu'implique la liberté.

Beaucoup d'entre nous ont réussi à se dégager de l'éducation religieuse de leur enfance. Il ne faut donc pas désespérer. Mais cesser de croire en Dieu, c'est toute une décision, qui prend du temps. On s'aperçoit alors que la culture et la religion sont entremêlées, de sorte que devenir incroyant demande un grand effort de l'esprit. Il faut s'habituer à ce qui apparaît d'abord comme un grand vide. On prend la mesure d'une nouvelle liberté, qu'on n'osait pas assumer, mais au prix d'un certain désarroi. Puis cette liberté se consolide. Car on découvre que ce n'était pas drôle de croire en Dieu, d'apprendre un catéchisme par cœur, de se confesser, de se sentir toujours coupable, de se punir soi-même, de s'agenouiller et d'implorer son dieu. Et peu à peu, on substitue à cette foi et à cette morale religieuses une croyance et une morale d'ici-bas, qu'il faut construire, articuler, s'approprier.

On demeure certes dans la même culture, mais on s'arrache à son versant conservateur pour s'enraciner dans l'autre, progressiste. On revit à titre individuel la mutation de valeurs et la réorientation philosophique qu'a déclenchées la Révolution française en son temps. On vit une petite révolution personnelle. Celui qui en fait l'expérience et qui s'engage dans la pensée matérialiste ne devrait pas se contenter de jouir de son autonomie, qui demeure fragile. Pour affermir sa nouvelle liberté, il devrait s'interroger sur les causes du succès et de l'ampleur des religions qui cultivent ces transcendances dictatoriales. Comment des illusions si largement admises et si solidement instituées sont-elles possibles ? Pourquoi les hommes n'ont-ils cessé d'inventer les superstitions les plus diverses, incohérentes, contradictoires et puériles au point d'être dégradantes, et malgré les effets parfois si dévastateurs qui en résultent ? Pourquoi les humains s'entretuent-ils ou se sacrifient-ils jusqu'au martyre au nom de toutes ces histoires invraisemblables ?

S'offrent donc à nous deux options : croire irrationnellement en la puissance des dieux, ou reconnaître rationnellement l'omnipotence de l'imaginaire dans les sociétés humaines. Choisir la deuxième option, c'est nécessairement élaborer une réflexion cohérente qui permette d'expliquer la puissance de la religion et des superstitions en général, mais aussi le pouvoir des croyances dans l'Histoire, la Raison, le Progrès et l'Art. Tel est l'objectif que se donne la mythanalyse[1]. Nous limiterons ici notre propos à la mythanalyse de la trilogie monothéiste : Dieu et ses attributs principaux : le Vrai, le Bien et le Beau.

Certes, nous pouvons affirmer que Dieu n'existe pas ; mais cela ne change pas grand-chose. Il demeure un mythe d'une omniprésence évidente, même pour l'incroyant. Et on ne peut nier l'efficace du mythe qui, sous les nouvelles figures qu'il décline, a le même pouvoir créateur, fondateur, quasiment absolu, sur l'imaginaire de nos sociétés et donc sur nos esprits individuels, que nous reconnaissons à Dieu. L'origine psychique et la puissance du mythe demeurent les mêmes aujourd'hui que jadis. Certes, un dieu ne s'explique pas, à moins qu'on aime se perdre dans les arcanes de la théologie ;

1. Hervé Fischer, *Nous serons des dieux*, Montréal, VLB éditeur, 2006, et *La société sur le divan. Éléments de mythanalyse*, Montréal, VLB éditeur, 2007.

mais la puissance de son mythe, au contraire, peut très bien s'analyser, se déchiffrer, au point où l'on comprenne clairement ses raisons d'être, sa fonction inconsciente, politique, sociologique, psychologique, son évolution historique, et ses effets bénéfiques ou pervers.

Alors que la psychanalyse travaille sur les inconscients individuels, la mythanalyse vise à déchiffrer les mythes sociaux. Bien entendu, la société n'est pas un patient que l'on peut allonger sur un divan. Elle n'a pas, comme telle, de biographie ni de traumatismes infantiles; mais elle a une histoire et elle a connu des catastrophes marquantes, des réalisations et des aspirations auxquelles elle s'est identifiée. La mythanalyse étudie donc les cultures, les structures, les valeurs, les récits et les rituels sur lesquels se fondent nos imaginaires sociaux, et dont les effets se répercutent dans nos inconscients individuels.

Le dieu chrétien est un imaginaire, ni plus ni moins que Zeus, Wotan ou Inti, le dieu inca du Soleil, ou que les loups-garous, les fées ou les ogres. Mais parce que nous y croyons actuellement, il ne relève pas de la mythologie, comme les dieux grecs ou égyptiens, mais de la mythanalyse. Telle est la différence entre la mythologie, qui est une science historique, et la mythanalyse, qui travaille sur le temps présent. Dieu est encore un mythe puissamment actif dans nos sociétés contemporaines, précisément parce que les croyants le considèrent comme un dieu vivant. Et il n'est pas nécessaire d'être grand clerc, initié à la cabale ou muezzin, pour observer toute l'importance que la figure de ce dieu prend dans nos sociétés. Églises, mosquées, synagogues, symboles, arts, rituels, valeurs, discours et guerres en témoignent de façon omniprésente et incessante.

Les religions monothéistes, notamment juive, chrétienne et islamique, déclarent chacune que son dieu est unique, même si elles sont trois à l'affirmer et à se faire encore la guerre comme au temps des polythéismes. Et ces trois figures rivales du même dieu sont tellement actuelles qu'aujourd'hui encore, elles provoquent de terribles intolérances, qu'on leur construit de nouveaux temples et qu'on les honore avec des offices et des célébrations à dates fixes, dignes des processions grecques ou romaines. On les prie avec des génuflexions, on les implore avec des vœux, on leur offre des sacrifices, on leur fait des promesses, on les consulte, on se confesse à eux, on fait pénitence. Les Modernes s'en réclament comme jadis les Anciens; et ils invoquent leurs figures divines pour s'allier leur puissance dans les combats armés qui les opposent à leurs voisins.

God bless America. Bush et Ben Laden n'ont jamais manqué de leur faire appel dans chaque oraison guerrière. Ni les intégristes sionistes pour accuser les Arabes. Nous sommes encore, à l'âge du numérique, agenouillés devant eux, ployant la tête, battant notre coulpe, dans des comportements de soumission magique et religieuse, confits dans des rituels objectivement absurdes, adorant des reliques et nous confondant dans des prières, qui évoquent les temps primitifs de notre évolution humaine.

Peu importe que nous croyions dans la Nature, dans les esprits de nos ancêtres, en Isis, Zeus, Jupiter, Dieu ou dans l'intelligence artificielle : c'est le même aveu de désir et de peur infantiles qui se décline de société en société. Les hommes sont à la recherche d'une puissance qui les aide et ils craignent manifestement de n'avoir plus de dieu à qui se confier dans le malheur, ou à qui soumettre leurs décisions et leur sort. Ils espèrent individuellement et collectivement de leur dieu le salut, la justice, la victoire ou la vengeance que les moyens ordinaires ne leur donnent pas. En ce sens, les religions sont de même nature que la magie. Quoi qu'aient pu en dire Hegel, Auguste Comte ou Durkheim, les religions sont des magies individuelles et collectives.

Dieu est un symptôme. Qui nous révèle autre chose que lui-même. C'est le symptôme de la faiblesse, du besoin de croire et d'être dominé. L'homme supporte mal sa liberté. Il aspire à y renoncer pour se soumettre à une intelligence qu'il croit supérieure et providentielle : animiste, naturelle, magique, religieuse, divine ou numérique. L'homme a le culte de sa propre servitude. Ici au Québec, même les partis politiques, qui ont l'habitude de s'invectiver quotidiennement, sont encore capables de voter à l'unanimité, quasiment sans débat, dès lors qu'il s'agit du maintien du crucifix dans l'enceinte du parlement, où ils prétendent pourtant garantir la laïcité de notre société ! Voilà bien la puissance d'un mythe. L'imaginaire règne même sur la politique. Peut-être surtout sur la politique !

On aura compris que la mythanalyse ne peut adhérer aux mythes qu'elle analyse, mais seulement constater leur puissance et tenter d'en éclairer les causes et les effets. La mythanalyse est donc nécessairement athée. L'athéisme s'inspire-t-il aussi d'un mythe ? Certes. Il tente de substituer au mythe religieux la croyance à la raison et au progrès. Mais ce sont là des mythes qui se fondent sur l'esprit critique autant que sur la conviction, et qui cultivent la volonté plutôt que la soumission. On s'en tient à la physique et à la chimie pour expliquer les phénomènes de la vie, sans invoquer des idées ou des causes transcendantales, sans mettre des esprits dans la matière et l'énergie. C'est peut-être cela qui crée le plus de résistance chez les croyants. La majorité des hommes semblent préférer être nés avec une âme et à l'image de leur dieu, que reconnaître qu'ils sont constitués des mêmes éléments chimiques, et des mêmes énergies que les animaux et que la nature dans son ensemble. Au fond, les hommes tiennent beaucoup à nier être des animaux. Quelle erreur ! Je suis de ceux, au contraire, que cela intéresse, et même enchante. En tant que philosophe, il est très éclairant de penser que je suis un animal. Cela questionne beaucoup d'idées reçues et explique beaucoup de nos comportements. Cela me fait découvrir aussi l'étonnante diversité des autres animaux, et aimer la nature dont je fais si intimement partie. Et parce que j'affirme n'avoir pas d'âme, le matérialisme m'aide aussi à mieux accepter la mort. Je me vois comme un passeur biologique, dans le long et extraordinaire processus de l'évolution de la nature. Le poète Shelley était un athée déclaré et un amant de la nature. Cela va ensemble. Le risque demeure par ailleurs constant de mythifier la nature, son intelligence, son énergie, sa créativité. Le panthéisme matérialiste de Spinoza est exigeant. Inversement, les religions monothéistes condamnent la nature, qu'ils associent à la matière et au péché.

La mythanalyse ne prétend pas être capable de penser sans métaphores ni sans mythes. Elle ne peut qu'opposer des mythes les uns aux autres. Et elle ne considère donc pas tous les mythes sans poser des jugements de valeurs. Bien au contraire. Tous les mythes ne sont pas égaux. Certains sont meilleurs que d'autres pour les hommes. Comme la psychanalyse, la mythanalyse distingue le normal et le pathologique, aussi relatifs que puissent être ces deux pôles. Et elle a une visée thérapeutique : elle est attachée au progrès de la société. Ainsi, elle considère la religion comme une névrose collective, comme une aliénation masochiste et doloriste. Et c'est une expérience que beaucoup connaissent. Jeune, j'étais sous l'influence de ma mère, fort croyante, et la religion me semblait donc répondre aux questions existentielles habituelles. J'ai été enfant de chœur, j'ai appris à servir la messe. J'ai même envisagé de devenir prêtre, lorsque j'avais 10 ou 11 ans. Comment aurait-il pu en être autrement, étant un enfant sérieux et raisonneur, dont des adultes religieux avaient cru bien faire d'endoctriner l'esprit ? Et quoi que je puisse faire aujourd'hui, même athée convaincu, je n'échapperai jamais complètement à ma culture catholique d'enfance. C'est ce qui explique que beaucoup d'athées demeurent agressifs par rapport à la religion. Ils estiment avoir été trompés par des adultes en position d'autorité et incités à croire en des sottises. Encore récemment, une brioche achetée dans un centre commercial m'a soudain rappelé le goût du pain bénit de la corbeille que je faisais passer dans les rangs à la fin de l'office, dans l'église du village où je passais mes vacances d'enfant. J'aimais ce pain bénit, un peu sucré, parce que j'étais à jeun pour la communion et que la grand-messe du dimanche ne se terminait pas avant midi. Et lorsqu'il en restait dans les corbeilles que nous rapportions à la sacristie, nous nous en gobergions rapidement avant de retourner dans le chœur, l'estomac calmé, pour le rituel final. Ce souvenir, d'aussi loin qu'il remonte, fut aussi fort pour moi que celui de la madeleine de Proust. La mémoire et l'imaginaire peuvent nous rappeler un goût, une odeur, et sont capables, tout aussi bien, de nous faire nier l'évidence ou de nous donner des visions. Comment douter que des Grecs aient pu jadis rencontrer la Méduse, des Romaines se laisser séduire par Jupiter, et que des croyants d'aujourd'hui aperçoivent la Sainte Vierge dans une grotte ? L'imaginaire voit plus que les yeux, entend plus que les oreilles, pense plus que le cerveau, crée plus d'émotion que les sentiments. La peur fait courir plus vite que le sport. L'imagination est une faculté humaine, comme le cerveau ou les muscles, mais assurément la plus puissante et la plus créatrice de toutes. Elle peut renverser les montagnes et faire des miracles. Mais elle peut aussi nous fourvoyer fatalement. Elle a pu donner naissance à des dieux, mais aussi à des démons. Elle peut nous sauver, comme nous hypnotiser dans l'horreur. Et nous aliéner radicalement. L'imagination a tué des millions d'êtres humains.

Il ne faudrait certainement pas la voir seulement comme une faculté individuelle. Elle se nourrit de l'imaginaire collectif. Elle y puise ses énergies, mais aussi ses références visuelles, sonores, politiques, religieuses, les visages de ses mythes. Elle se célèbre diversement au sein de chaque culture et en chacun de nous. Bien que d'apparence subjective, l'imaginaire est avant tout collectif. Il relève de l'analyse culturelle et sociologique. Et telle est bien la démarche de la mythanalyse qui, à l'inverse de la psychanalyse, va du collectif au singulier.

Je ne me risquerai pas dans une distinction académique entre l'imaginaire social et l'inconscient collectif. Certes, l'imaginaire peut se présenter comme la partie visible de l'inconscient social, telle la pointe émergée d'un iceberg. Mais il est très difficile de faire une distinction claire entre imaginaire et inconscient, si ce n'est par une volonté conceptuelle ou une pétition de principe qu'on ne saurait tenir longtemps. On s'en tiendra donc ici à associer l'imaginaire au visible (au sens large et socioculturel du terme) – images, métaphores du langage, monuments, discours, art, littérature, cinéma, etc. –, et l'inconscient à l'invisible (l'influence des structures élémentaires des mythes sociaux, des logiques, y compris les logiques politiques, des valeurs référentielles, des figures matricielles, comme celle du père, de la mère et de la famille). La figure des dieux relève autant de l'imaginaire que de l'inconscient.

La question se pose : comment est-il possible que nous ayons porté si peu d'attention à l'analyse de nos mythes actuels, alors qu'ils nous déterminent si profondément et sans doute plus que nos raisonnements les plus élaborés (qui souvent en dépendent directement) ? Si les mythes nous influencent à ce point dans nos pensées et dans nos agissements, ne vaut-il pas la peine d'y consacrer une analyse et, si possible, une théorie à part entière ? N'est-ce pas aussi important que l'astrophysique ou la biologie ? Comment explique-t-on que nous ayons tant tardé à appliquer aux imaginaires sociaux les mêmes énergies intellectuelles qui ont été déployées en sociologie, en psychanalyse ou en économie ?

Pourquoi ne pas avoir consacré plus d'efforts à élucider le mythe de Dieu, plutôt que d'argumenter sans fin sur ses attributs et ses preuves ? Pourquoi réduit-on la politique à la gestion prétendument empiriste des économies et des conflits sociaux, alors qu'elle se fonde autant sur les mythes[2] ? Il semble que cela tienne au sentiment que l'imaginaire et l'inconscient seraient insaisissables et volatils, ou qu'ils nous entraîneraient dans des dérives irrationnelles. Voilà bien la politique de l'autruche que nous pratiquons au nom de la raison, en niant l'évidence des déterminants et des comportements irrationnels qui sont les nôtres. Il est certes plus facile de dire que Dieu doit être accepté comme un mystère, et qu'il est donc erroné de le soumettre aux critères de la raison. Pourtant la société, la raison ou la psyché ne sont-elles pas des imaginaires, elles aussi ? Et l'économie n'est-elle pas aussi imaginaire qu'empiriste, comme on le voit

2. C'est ce que j'ai tenté de démontrer dans *Québec imaginaire et Canada réel. L'avenir en suspens*, Montréal, VLB éditeur, 2008.

dans la crise financière de ce début de XXIe siècle ? La figure de Dieu est tout aussi analysable que la société, que la psyché ou que l'univers. Aussi analysable et aussi peu. Il y a autant – et aussi peu – de limites à la mythanalyse qu'à la sociologie, à la psychologie, à l'économie ou à l'astrophysique. Il semble plutôt que notre irrationnel soit un sujet tabou. Plusieurs religions disent d'ailleurs qu'on ne peut, qu'on ne doit rien dire de Dieu, ni même le représenter. La mythanalyse constitue donc, au point de vue conceptuel autant que méthodologique, un grand défi, mais qui, une fois surmonté ce tabou imaginaire, n'est pas plus difficile que celui des autres sciences humaines. Ne pas vouloir analyser ce qu'on appelle l'irrationnel, et plus particulièrement cette figure centrale de Dieu, c'est se priver de comprendre son impact fondamental tout autant en psychologie qu'en sociologie ou en politique, et même, et en particulier, dans le rationalisme classique.

Mais revenons, comme les moutons de Dieu que nous avons été, au mythe de la création, qui est la clé de voûte de notre civilisation occidentale. Il semble présider à nos destinées collectives comme à nos saluts individuels, et il mérite bien un petit effort d'élucidation, à moins qu'on préfère simplement s'agenouiller. Parmi les trois dieux monothéistes, y en a-t-il un qui vaille mieux que les autres ? Chaque religion pense, bien sûr, que c'est le sien. En fait, ces trois dieux reflètent les différences historiques et sociologiques des cultures de leurs sociétés de naissance. Tous trois, lorsqu'ils tombent sous le pouvoir des intégrismes qu'a malheureusement suscités chacune de ces trois religions, sont redoutables pour l'aliénation et l'intolérance qu'ils suscitent, et pour la violence à laquelle ils appellent. La planète irait bien mieux si l'on pouvait s'en délivrer. Peut-on rêver d'une planète sans dieux, sans religions, sans églises ? Je réponds oui, sans hésitation. Et le cas de la civilisation chinoise, qui n'a jamais institué de religion déiste, mérite pour le moins d'être cité à titre de contre-exemple.

Nous en sommes encore très loin. Il suffit de regarder le pape actuel, qui se statufie avec ses oripeaux en hermine et son sourire béatifié en sucre d'orge, pour prendre la mesure du chemin à parcourir. Encore devrait-on se réjouir de son archaïsme, qui retient sans doute des millions de fidèles d'adhérer à des sectes bien pires que le catholicisme actuel. Car si certaines sectes demeurent inoffensives, la majorité d'entre elles sont manifestement dangereuses pour ceux qui tombent sous leur coupe. Elles sont souvent dirigées par des escrocs ou des malades. Elles sont perverses. Elles pratiquent le lavage de cerveau et la dépossession financière. Et il faut admettre que le recul des grandes religions en a favorisé l'éclosion et la multiplication. Faut-il alors souhaiter que celles-ci demeurent ? La question est plus que légitime dans l'immédiat.

À l'autre pôle du spectre social, l'athéisme se présente comme l'absence de religion, l'absence de superstition et l'absence d'Église. Ceux que l'athéisme agace, et qui y dénoncent une autre forme de religion, ou d'intolérance, n'ont raison que face à ceux qui le prêchent assidûment, au point de vouloir convertir les croyants à l'incroyance. On admettra que c'est rarement le cas ! En général, les athées se contentent de résister passivement aux prêcheurs de religions et ont déjà fort à faire pour défendre leur liberté de pensée contre les superstitions dévotes qui envahissent constamment leur culture, comme une pollution de l'air. La laïcité publique, celle que garantit théoriquement l'État dans les sociétés avancées, n'est pas un combat pour l'athéisme, mais seulement pour l'instauration d'une séparation entre sphères privée et publique. Les régimes communistes qui ont lutté contre toute expression religieuse au nom de l'athéisme, comme l'URSS ou la Chine de Mao Zedong, en ont abusé, et ont finalement remplacé la religion par des idéologies dictatoriales encore pires. Elles n'ont pas respecté le principe de liberté privée de religion que suppose la laïcité. Dans les sociétés démocratiques, rien ne justifie la dénonciation de l'athéisme comme une idéologie réductrice. Il est au contraire l'expression même de la liberté de pensée et de l'épanouissement humain. On s'étonnera de devoir rappeler des principes aussi basiques chaque jour en 2009 !

Et malgré les faiblesses individuelles qu'exploitent les religions et que nous avons relevées, pourquoi les sociétés ont-elles tant favorisé et institué des religions qu'on a pu qualifier précédemment de névroses collectives ? Pour que ces religions si infantiles et qui nous aliènent si profondément survivent à tant de vicissitudes, il faut bien qu'elles aient une utilité sociale fondamentale. On admettra que la figure du dieu suscite une sorte d'effroi, comme celle d'un père au pouvoir absolu et redoutable. Plusieurs Églises en usent et en abusent. D'ailleurs, le mystère divin ne tient pas à tant l'impossibilité de connaître le dieu qu'au halo dont l'institution sociale l'enveloppe pour lui donner plus d'ascendant et s'en servir elle-même plus efficacement. La peur du dieu suscite le respect, et son amour favorise l'intégration à la communauté humaine. Il en résulte une soumission socioreligieuse qui assure l'ordre et le consensus civils.

C'est ce que disait Marx, qui considérait la religion comme un lot de consolation reporté après la mort, soigneusement inculqué par la classe dominante aux prolétaires privés de bonheur terrestre. La croyance religieuse est donc une aliénation idéologique, qui donne un faux espoir aux pauvres dans l'attente d'une autre vie supposée paradisiaque. L'Église ajoute que Dieu saura comptabiliser les souffrances d'ici-bas pour garantir la félicité éternelle en toute justice au-delà. Le tour est habile ! C'est l'idéologie des classes dominantes qui a fait valoir cette idée de la justice qui sera faite aux pauvres, même contre les riches (mais après la mort). C'est elle qui a inculqué au peuple les idées de soumission, et fait du respect de la moralité sociale une vertu religieuse que sanctionneraient le paradis ou l'enfer. Le dieu monothéiste incarne ce besoin de justice sociale, sans laquelle les sociétés se fragiliseraient face aux écarts de revenus trop criants. Marx dénonçait ainsi, avec une pertinence qui demeure malheureusement très actuelle, la fonction politique de la religion au service des classes dominantes.

La sociologie non marxiste et l'histoire comparée des sociétés et des religions établissent aussi un lien entre l'évolution des sociétés anciennes, fragmentées, qui ont institué des polythéismes, et l'essor des sociétés centralisées, qui ont favorisé les monothéismes, reflétant mieux la légitimité des pouvoirs centralisateurs. Il est difficile de nier le rôle des dieux et de leurs Églises comme légitimation de l'ordre social et de leurs chefs, guerriers, papes, rois ou empereurs, et même présidents. L'alliance du trône et de l'autel a été le ressort de la légitimité aristocratique pendant des siècles en Occident. Elle sert encore le capitalisme aujourd'hui. Et ce principe se retrouve sous d'autres configurations dans la plupart des autres civilisations.

Durkheim a montré dans *Les formes élémentaires de la vie religieuse* que la religion est l'expression même de la solidarité organique des sociétés. Peu importe, selon lui, la définition théologique du dieu. Ce qui le justifie, le légitime, c'est plutôt son pouvoir d'intégration et de consensus social, dont la société a besoin pour se donner à elle-même une valeur transcendantale, dépassant les intérêts et les conflits individuels. Le *Tout social* est beaucoup plus que la somme de ses individus. Et on l'appelle *Dieu*, avec une majuscule. Pour Durkheim, Dieu est la figure identitaire d'appartenance à la

Société. Il symbolise la conscience commune que les individus ont de la Société comme un Tout unitaire qui les lie transcendentalement, et qu'il faut respecter et célébrer. Aucune société ne peut se passer d'un tel liant. Et toute société laïque doit en adopter un autre, idéologique, identitaire, économique, etc. La croyance partagée en un dieu social – commun à une société et qu'elle célèbre à l'unisson – apporte un soutien spirituel et rituel aux animaux sociaux que nous sommes. L'incroyance crée de l'anomie, une perte du lien social, qui fragilise l'individu autant que la société. La contestation de cette prétendue légitimité providentielle de l'ordre social en général favorise donc la rébellion politique et la dénonciation de ce mythe d'un dieu tout-puissant. L'athéisme tend conséquemment à être contestataire et politiquement de gauche. À moins d'offrir une alternative mythique forte et intégratrice, il peut être vu comme une anomie.

Mais peut-on aller plus loin que ces interprétations sociopolitiques du rôle des religions et des Églises, pour expliquer au plan non seulement des institutions de la société civile, mais aussi de la psyché sociale ? Il le faut, car la puissance de l'imaginaire divin s'incruste manifestement dans les esprits individuels. Je parle ici d'un dieu intériorisé, avec lequel les croyants croient pouvoir entrer en relation intime. Faudrait-il donc invoquer une dimension biologique de la société et de la religion ? Et, reprenant la notion de solidarité organique de Durkheim, faudrait-il reprendre des arguments génétiques de la sociobiologie de Wilson ? Alors, pourquoi les hordes de singes n'ont-elles pas de dieu, ni de religion qu'on puisse observer ? Elles ont cependant un vieux mâle dominant, qui est le sage de service. À ce titre, il est respecté et obtient l'obéissance de tous, ainsi que des privilèges importants. Dieu serait-il notre vieux singe ? En tout cas, dans nos religions humaines, il se présente bien comme un aïeul chenu, empli de sagesse et à qui nous devons obéissance. Et il contrôle nos rites alimentaires aussi bien que sexuels. Notre Père qui êtes aux cieux, donnez-nous notre pain quotidien... dit le Pater catholique.

L'hypothèse de la mythanalyse, c'est que la figure du dieu, le dieu unique, est l'hypostase symbolique du père biologique, sur laquelle se base la cellule familiale. En ce sens, il est l'expression collective du mythe familial élémentaire que la mythanalyse considère comme le fondement biosociologique de tous les mythes. Le nouveau-né en est entièrement dépendant, comme l'adulte pieux l'est de son dieu. Le mythe de Dieu répète, incarne et valorise, dans une célébration collective, l'image du père, symbole de la force créatrice et de l'autorité dans le cercle familial, qui est la matrice et le reflet tout à la fois de la société. Autrement dit, la figure de dieu synthétise au niveau social l'image du père géniteur et garant de la matrice familiale et sociale dans sa conception patriarcale. Le mythe de Dieu est celui même de la création, c'est-à-dire le reflet grandi et socialement institué du pouvoir géniteur du père, célébré et craint par ses enfants. On notera d'ailleurs que la perte d'autorité du père dans nos sociétés contemporaines et l'émergence d'une société de fils autonomes favorisera certainement la mort de Dieu. C'est là une suite, reportée pendant plus de deux siècles, de la Révolution de 1789 et de l'émergence du Siècle des lumières.

La mythanalyse suggère aussi une deuxième fonction, archaïque et psychique, du mythe de Dieu. N'oublions pas que la relation entre l'homme et Dieu est contradictoire. Il existe une sorte de tension dans le mythe biblique qui est très efficace, comme un piège pour la psyché humaine. En effet, d'une part, la Bible soumet l'homme à la culpabilité insurmontable du péché originel et le condamne à une vallée de misère où il rachète son salut par la souffrance; d'autre part, elle dit que l'homme est à l'image de Dieu, et même qu'il en possède en lui une parcelle – l'âme – qui rejoindra Dieu dans l'au-delà. La première de ces croyances, dévalorisante, renforce le désir de la deuxième, qui exalte au contraire le désir de puissance de l'homme. Le croyant proclame donc ses faiblesses, son imperfection et apprend à haïr en lui-même ce qu'il appelle son animalité et ses péchés. Et plus il s'abaisse, plus il pense s'élever vers Dieu. On retrouve là aussi l'opposition entre le mythe grec de Prométhée vainqueur de Dieu et qui veut rivaliser avec lui sur terre, et le mythe biblique de l'homme vaincu par Dieu, chassé du paradis et condamné à souffrir pour assurer son salut dans l'au-delà. C'est dans cette tension, dans ce double effort contradictoire, que l'homme occidental est déchiré et qu'il situe sa croyance en un dieu supérieur, inaccessible, vers lequel il déploie d'autant plus ses efforts. Bien entendu, il ne se dénigre jamais assez et il n'atteint jamais ce dieu auquel il aspire. Il voit donc Dieu comme un être inatteignable. C'est d'ailleurs ce que symbolise ici-bas la pointe des clochers d'églises qui tendent vers le ciel, tandis que le diable est situé dans les miasmes souterrains.

Certes, le fils aspire à prendre la place du père. Mais adorer Dieu, c'est pour l'homme s'adorer soi-même et se célébrer sous la représentation la plus parfaite de ce que l'homme voudrait être, au point de se flageller et de renier la version simplement terrestre de ce qu'il est, enfermé dans les limites de ce corps matériel qu'il voudrait transcender. Dans son imaginaire, l'homme s'attribue à lui-même un statut divin qui le distingue des autres animaux. La croyance en ce dieu le valorise considérablement. Ce dieu est une sorte de projection que l'homme se propose de lui-même sous la forme d'une omnipotence, d'une sagesse et d'un pouvoir créatif qu'il ne peut manquer de désirer, précisément parce qu'il en est privé. Cet aspect prométhéen du mythe biblique est d'origine grecque. L'homme affronte même le dieu pour lui voler le feu et rivaliser avec lui. Nous retrouvons ici Prométhée, et l'instinct de puissance[3].

Ce lien que l'on partage avec le dieu peut prendre une intensité extrême, comme en témoigne l'expérience du mystique qui atteint l'extase, du fou de Dieu qui échange son martyre contre « le paradis ce soir », du Cathare qui se jette avec exaltation dans le feu purificateur qui est la métaphore de Dieu lui-même. C'est la béquille des nouveaux évangélistes et de tous ces intégristes qui, n'étant pas capables d'assumer pleinement leur humanité, se réfugient dans la soumission à un maître absolu pour vociférer leurs condamnations. Une façon de croire se grandir soi-même, alors qu'ils tombent au comble de la débilité.

J'ai déjà moi-même souligné que les dieux et les âmes sont des drogues, des psychotropes qui excitent l'esprit et nous donnent l'illusion de n'être pas des animaux, mais des êtres qui participent au divin, et qui nous détournent de la réalité quotidienne lorsqu'elle est frustrante ou douloureuse. En termes freudiens, on évoquera donc ici une perte du principe de réalité au profit du désir.

La croyance en un dieu ne résiste pas à la démystification que peut en proposer la mythanalyse. Ses fonctions politique, psychologique, imaginaire, inconsciente sont manifestes. Alors, pourquoi ne pas assumer un athéisme libérateur qui nous débarrassera de cette aliénation pitoyable et de notre aveu d'impuissance ?

Être athée, c'est certes ne pas croire en quelque dieu que ce soit. Voilà le premier stade de la liberté humaine. Mais ce n'est pas être nihiliste, ou ne croire à rien, comme s'en désolera le croyant d'une Église ou d'une autre. Être athée, c'est croire en l'homme, en notre

3. J'ai développé cette analyse dans *CyberProméthée. L'instinct de puissance à l'âge du numérique*, Montréal, VLB éditeur, 2003.

capacité de progrès. C'est jubiler dans la volonté d'assumer notre humanité, notre pouvoir de création et les responsabilités éthiques qui viennent avec cette nouvelle liberté. C'est découvrir qu'il n'y a pas de pilote dans l'avion et que nous devons apprendre à piloter nous-mêmes, à dessiner nos cartes et à choisir notre direction. C'est cesser de se raconter des fables et des histoires de vérités révélées, pour décider nous-mêmes du sens – de la direction – de la vie. Nous n'avons pas besoin de maître pour vivre, ni d'illusions puériles pour nous diriger. L'aventure humaine est une chose sérieuse. Elle exige toute notre intelligence, notre capacité éthique, notre sens des responsabilités et finalement notre créativité.

Être athée, c'est croire aussi en la solidarité humaine, celle de notre espèce, et avec la nature à laquelle nous appartenons. Et ce qui nous dépasse chacun, ce à quoi nous devons aspirer, ce n'est certainement pas à un dieu, mais l'éthique planétaire qui fonde l'hyperhumanisme. Voilà une conviction qui exclut tout transcendantalisme, toute fabulation, et qui mérite tous nos efforts.

Est-ce un espoir irréaliste ? Certainement. Un nouveau mythe ? Oui : celui de l'homme. Car il est vrai qu'il existe désormais un mythe de l'Homme, comme existe le mythe de Dieu, et qu'il faut choisir : c'est l'un ou l'autre. Même si le mythe de Dieu, dans sa version modérée, tente de nous tromper sur ce point et de se faire passer pour un humanisme. Le christianisme a plaidé pour l'amour entre les hommes. Encore doit-on se demander quelle forme a prise historiquement cet amour. L'ambiguïté n'a pas manqué. L'Occident est basé tout autant sur le mythe fondateur grec de Prométhée que sur le mythe biblique de l'homme soumis. Beaucoup d'hommes balancent finalement entre les deux mythes, évitent d'y penser sérieusement, les mélangent confusément, par une mollesse intellectuelle qui est fort répandue.

Un sondage Presse canadienne-Harris Décima de mai 2008 nous apprend que 25 % des Canadiens déclarent ne croire en aucun dieu. Et que les francophones y croient encore moins que les anglophones (selon un écart important de 6 %). C'est une bonne nouvelle. Mais un deuxième sondage serait sans doute moins prometteur, celui qui établirait le pourcentage des athées qui déclarent croire en l'homme et agissent en conséquence.

Aux États-Unis, pays parmi les plus développés qui soient, et qui pratique la technoscience sans état d'âme, mais aussi pays parmi les plus confinés dans les religions depuis que les sectes protestantes l'ont fondé, je ne cesse de m'étonner, chaque fois que j'y voyage, de rencontrer tant de convictions et de prosélytismes superstitieux. Entre les nouveaux évangélistes, les méthodistes, les mennonites, les amish, les baptistes et les anabaptistes, les presbytériens, les disciples de Beissel, ceux de Jan Hus, de Calvin, de Luther, les quakers, les piétistes, les mormons, l'Église de scientologie, l'Église adventiste du Septième Jour, les Témoins de Jéhovah, l'Église du révérend Moon, la United Holy Church, la Revival Church, les innombrables Church of Jesus Christ, la liste est longue et les disputes théologiques interminables, pour décider de l'âge du baptême ou du jour de repos hebdomadaire. Mais tous sont entêtés dans leurs convictions. Au hasard des rencontres, je me suis fait dire plus d'une fois que le monde a été créé il y a six mille ans et qu'il faut lire la Bible « à la lettre », parce que c'est la parole de Dieu. C'est ce qu'on entend trop souvent en Virginie, en Pennsylvanie, au Kansas, dans l'État de New York, dans l'Utah, en Arkansas, etc., partout ! Et une enquête menée en 2008 nous révèle que 16 % des professeurs de science américains sont créationnistes et enseignent dans les écoles le *intelligent design*[4]. Voilà bien une épidémie proliférante de sectes. Et le drapeau américain côtoie, devant les maisons, dans les fenêtres, en autocollants sur les voitures, des panneaux d'avertissement contre les mécréants, des rappels des psaumes et des bannières de propagande religieuse. On n'y échappe pas. Impossible d'être élu aux États-Unis sans se montrer croyant. Bush et les Républicains leur doivent leurs victoires électorales. La candidate vice-présidente du Parti républicain en 2009 est évangéliste et se déclare créationniste. Même le candidat Barack Obama a dû montrer patte blanche. Les télévangélistes se déchaînent contre les incroyants et disposent de chaînes de télévision, de radios, de maisons d'édition, de journaux, d'écoles et d'universités extrêmement actives. Les Américains ne sont pas moins croyants que les islamistes du Moyen-Orient dont les Occidentaux se plaisent à dénoncer les excès de zèle fanatique. Ils donnent dans le prosélytisme et volent leurs fidèles. Ils publient d'innombrables brochures, ouvrent des *visitors centers* qui sont des centres de propagande non déguisés. Nous sommes encore dans une planète de superstition religieuse omniprésente et plus active que jamais.

4. Cela malgré les décisions de justice qui ont refusé de considérer le créationnisme comme une science enseignable comme telle. Voir <www.newscientist.com>, 20 mai 2008.

On peut comprendre qu'Ingrid Betancourt, prisonnière des FARC dans l'enfer de la jungle amazonienne pendant plus de six ans, ait trouvé dans sa croyance religieuse une compensation qui l'a aidée à survivre psychologiquement, en lui permettant de s'en évader mentalement. Mais faut-il croire que la vie ordinaire est si douloureuse, pour admettre que des millions d'êtres humains aient besoin de cette béquille ? Les hommes se libéreront-ils un jour de leurs agenouillements devant les dieux qu'ils imaginent et qu'ils adorent dans des transports enfantins ? Mettront-ils fin à cette abdication d'eux-mêmes ? Face à la crise du monde actuel, alors que nous sommes confrontés à des risques technoscientifiques et écologiques de plus en plus graves, comment peut-on chercher refuge et solutions dans de telles fables ?

Il semble que ce soit beaucoup plus difficile de fonder ses actes dans la liberté que de se confire dans l'aliénation religieuse, de croire en l'homme que de croire en Dieu. C'est pourtant cela, la prochaine étape de notre évolution, celle de l'hyperhumanisme basé sur l'éthique et la solidarité planétaires, sur une morale sociale et laïque qui commande le respect universel des droits de l'homme. Combien de millénaires cela exigera-t-il ? Pour le moment, il semble que Dieu, sous ses innombrables formes et particularismes, soit bien loin d'être mort dans l'imaginaire des hommes. On a plutôt l'impression que tous ces dieux ressuscitent par réaction au cynisme, au consumérisme et à la violence du monde actuel. La transformation accélérée de la planète fait peur et favorise ce refuge dans la superstition. Le problème, c'est que ces dieux sont des drogues collectives, et que les psychotropes tendent à voiler ou à compenser les problèmes sociaux, mais qu'ils ne les résolvent pas ; bien au contraire. Ce n'est pas de nos prières aux dieux que naîtront des solutions à nos énormes problèmes d'ici-bas, mais de nos dialogues humains. Ce n'est pas de la servitude religieuse, mais de l'aspiration humaine. Le sens de la vie est une volonté. On ne peut plus déléguer.

Collaborateurs

Normand Baillargeon enseigne la philosophie de l'éducation à l'Université du Québec à Montréal. Il a publié de très nombreux articles et plusieurs livres couvrant une grande variété de sujets : éducation, philosophie, anarchisme, poésie, politique, économie.

Daniel Baril, anthropologue de formation, est journaliste scientifique à l'hebdomadaire *Forum* de l'Université de Montréal. Il est aussi connu pour être l'un des porte-parole du Mouvement laïque québécois qui lui a décerné le prix Condorcet 2006.

Cyrille Barrette a été professeur de biologie à l'Université Laval de 1975 à 2007 où il a enseigné la sociobiologie, la mammalogie, la conservation de la nature et l'évolution. Spécialiste reconnu du comportement et de l'écologie des mammifères, il a publié *Le miroir du monde : Évolution par sélection naturelle et mystère de la nature humaine* (2000), *Mystère sans magie. Science doute et vérité : notre seul espoir pour l'avenir* (2006), ainsi que de nombreux articles spécialisés dans plusieurs revues scientifiques de calibre international.

Arlette Cousture après avoir hésité entre le monde du théâtre et celui de l'enseignement, a opté pour une vie à observer, entendre et ressentir les émotions. Ainsi sont nés *Les Filles de Caleb,* cueillies depuis la fin du XIXe siècle jusqu'à celle du XXe ; *Ces Enfants d'ailleurs,* échappés à la seconde Grande Guerre et recueillis par un monde à la résonance sans écho de violence ; *J'aurais voulu vous dire William,* dans la douleur de l'aveuglement et l'absence de cœur ; *Tout là-bas,* microcosme dont on ne sait s'il faut en être fier ou honteux ; et finalement, l'abécédaire d'une vie dans *Depuis la fenêtre de mes cinq ans.*

Louisette Dussault, si vous la connaissez par ses spectacles, *Moman* ou *Pandora,* vous lui ferez plaisir ! par *La Souris Verte,* c'est sans doute de votre âge ou de celui de vos enfants ! Mais elle a aussi fondé, avec des camarades, le Théâtre du Même Nom, a créé Tremblay, Germain, Garneau, Barbeau, Mercier, Boucher, Marchessault, Harrison, a été de *La nef des sorcières,* du fameux *Les fées ont soif* et, se prenant sans doute pour *Marilyn,* a accepté la présidence du Conseil québécois du théâtre et par la suite la présidence de la Commission internationale du théâtre francophone, et ça continue !

Hervé Fischer est artiste et philosophe. <www.hervefischer.net>

Louise Gendron est journaliste au magazine *L'actualité*.

Louis Gill est économiste. Il a été professeur à l'Université du Québec à Montréal (UQAM) de 1970 à 2001. Pendant toute sa carrière à l'UQAM, il a été un militant actif du Syndicat des professeurs (SPUQ) où il a occupé divers postes de direction. Diplômé en génie électrique de l'Université McGill et en sciences économiques des universités de Montréal et de Stanford, il a publié de nombreux écrits sur des questions économiques, politiques et sociales, dont *Économie mondiale et impérialisme* (1983), *Les limites du partenariat* (1989), *Fondements et limites du capitalisme* (1996), *Trente ans d'écrits syndicaux. Contribution à l'histoire du SPUQ* (2002), *Le néolibéralisme* (2002), *George Orwell. De la guerre civile espagnole à* 1984 (2005), *Rembourser la dette publique : la pire des hypothèses* (2006), *Vieillissement de la population. La « futurologie à rebours » de Pierre Fortin et Luc Godbout* (2007) et « Pour le socialisme, aujourd'hui comme hier » dans *Au bout de l'impasse, à gauche* (2007).

Yves Gingras détient une maîtrise en physique de l'Université Laval et un doctorat en histoire et en sociopolitique des sciences de l'Université de Montréal. Il est professeur au Département d'histoire de l'Université du Québec à Montréal et titulaire de la Chaire de recherche du Canada en histoire et sociologie des sciences. Membre (et ancien directeur) du Centre interuniversitaire de recherche sur la science et la technologie (CIRST), il s'est vu décerner de nombreux prix dont le prix Ivan Slade de la British Society for the History of Science en 2001, le prix Gérard-Parizeau en 2005 et le prix Jacques-Rousseau de l'ACFAS en 2007. Parmi ses nombreux ouvrages, mentionnons *Éloge de l'homo techno-logicus* (Fides, 2005) et *Parlons sciences. Les transformations de l'esprit scientifique. Entretiens avec Yanick Villedieu* (Boréal, 2008).

Yves Lever a fait sa carrière dans l'enseignement du cinéma. Il poursuit des recherches dans l'histoire du cinéma au Québec et travaille comme consultant auprès de compagnies de production de films.

Isabelle Maréchal est journaliste, comédienne, éditorialiste et animatrice à la radio et à la télévision. À la radio, sur les ondes de Corus Québec et du 98,5 FM, elle anime actuellement *Isabelle le matin*, un magazine quotidien d'entrevues et d'actualités, et le dimanche, elle est à la barre de l'émission politique *Le Québec d'abord*. Elle a remporté le prix Mireille-Lanctôt en journalisme social, remis par la Fédération professionnelle des journalistes du Québec et la Fondation Mireille-Lanctôt, pour la série *Où mourir* portant sur les soins palliatifs au Québec.

Martin Petit est humoriste de scène et blogueur indépendant.

Ghislain Taschereau s'est fait connaître comme humoriste au sein de l'équipe des Bleu Poudre dont les émissions ont été diffusées sur les ondes de Radio-Canada et à CKOI-FM. Il a aussi publié quatre romans humoristiques, *L'Inspecteur Specteur et le doigt mort, L'Inspecteur Specteur et la planète Nète, L'Inspecteur Specteur et le curé Ré* et *Diane la foudre*. Depuis 2007, il crée des capsules vidéo diffusées sur TVPT.TV.

Yanick VILLEDIEU, journaliste scientifique, anime le magazine d'actualité et de culture scientifiques *Les Années lumière*, à la Première chaîne radio de Radio-Canada, depuis plus d'une vingtaine d'années. Il collabore au magazine *L'actualité*, comme chroniqueur en science et en médecine, depuis presque aussi longtemps. Conférencier, animateur et auteur, il participe régulièrement à des congrès et colloques sur la science et la santé. Auteur, il a publié plusieurs livres, dont *Demain la santé*, en 1976, aux éditions Québec-Science, et *Un jour la santé*, en 2002, aux Éditions du Boréal.

Table

AUTRES TITRES PARUS
DANS CETTE COLLECTION

Victor Armony, *Le Québec expliqué aux immigrants*
Daniel Baril, *Les mensonges de l'école catholique. Les insolences d'un militant laïque*
Marc-François Bernier, *Les planqués. Le journalisme victime des journalistes*
Denise Bombardier, *Propos d'une moraliste*
Denise Bombardier, *Sans complaisance*
Bruno Bouchard, *Trente ans d'imposture. Le Parti libéral du Québec et le débat constitutionnel*
Pierre Bourgault, *La résistance. Écrits polémiques, tome 4*
Claude G. Charron, *La partition du Québec. De Lord Durham à Stéphane Dion*
Alain Cognard, *La Belle Province des satisfaits*
Charles Danten, *Un vétérinaire en colère. Essai sur la condition animale*
Alain Deneault, *Paul Martin et compagnies*
Georges Dupuy, *Coupable d'être un homme. «Violence conjugale» et délire institutionnel*
Pierre Falardeau, *Les bœufs sont lents mais la terre est patiente*
Guy Ferland, *Qu'à cela ne tienne!*
Madeleine Gagnon, *Les femmes et la guerre*
Yolande Geadah, *Accommodements raisonnables. Droit à la différence et non différence des droits*
Carole Graveline, Jean Robert et Réjean Thomas, *Les préjugés plus forts que la mort. Le sida au Québec*
Richard Hétu, *Lettre ouverte aux antiaméricains*
IPSO (Les intellectuels pour la souveraineté), *Redonner sens à l'indépendance*
Henri Lamoureux, *L'action communautaire. Des pratiques en quête de sens*
Henri Lamoureux, *Le citoyen responsable. L'éthique de l'engagement social*
Henri Lamoureux, *Les dérives de la démocratie. Questions à la société civile québécoise*
Bernard Landry, *La cause du Québec*
Richard Langlois, *Requins. L'insoutenable voracité des banquiers*
Anne Legaré, *Le Québec, otage de ses alliés*
Josée Legault, *Les nouveaux démons. Chroniques et analyses politiques*
Yves Michaud, *Paroles d'un homme libre*
Rodolphe Morissette, *Les juges, quand éclatent les mythes. Une radiographie de la crise*
André Néron, *Le temps des hypocrites*
Stéphane Paquin, *La revanche des petites nations. Le Québec, l'Écosse et la Catalogne face à la mondialisation*

Jacques Parizeau, *Pour un Québec souverain*

Jacques Pelletier, *Les habits neufs de la droite culturelle. Les néo-conservateurs et la nostalgie de la culture d'un ancien régime*

Martin Petit, *Quand les cons sont braves. Mon parcours dans l'armée canadienne*

André Pratte, *Les oiseaux de malheur. Essai sur les médias d'aujourd'hui*

Michel Sarra-Bournet (sous la direction de), *Le pays de tous les Québécois. Diversité culturelle et souveraineté*

Serge Patrice Thibodeau, *La disgrâce de l'humanité. Essai sur la torture*

Gilles Toupin, *Le déshonneur des libéraux*

Daniel Turp, *La nation bâillonnée. Le plan B ou l'offensive d'Ottawa contre le Québec*

Pierre Vallières, *Le devoir de résistance*

Pierre Vallières, *Paroles d'un nègre blanc*

Michel Venne, *Les porteurs de liberté*

Michel Venne, *Souverainistes, que faire ?*

Cet ouvrage composé en Céleste corps 11 a été achevé d'imprimer au Québec
le quatre septembre deux mille neuf sur papier Enviro 100 % recyclé
pour le compte de VLB éditeur.

100%